Bibliografische Information der Deutschen Nationalbibliothek:

Die Deutsche Nationalbibliothek verzeichnet diese Publikation in der Deutschen Nationalbibliografie; detaillierte bibliografische Daten sind im Internet über http://dnb.d-nb.de abrufbar.

Impressum:

Copyright © 2013 ScienceFactory

Ein Imprint der GRIN Verlags GmbH

Druck und Bindung: Books on Demand GmbH, Norderstedt, Germany

Coverbild: pixabay.com

Trotzdem stark!

Resilienz bei Kindern fördern und stärken

Trotzdem stark! 3
Resilienz bei Kindern fördern und stärken 3
Stefanie Petschkuhn (2007): Inwieweit kann offene Kinder- und Jugendarbeit die Resilienzförderung unterstützen? 7

EINLEITUNG 8

OFFENE KINDER- UND JUGENDARBEIT 10

RESILIENZ 16

IN WIEWEIT KANN OFFENE KINDER- UND JUGENDARBEIT DIE RESILIENZFÖRDERUNG UNTERSTÜTZEN? 21

WEITERFÜHRENDE GEDANKEN 25

LITERATURVERZEICHNIS 26

Britta Wehen (2007): Wie man Kinder zu Stärke und Widerstandsfähigkeit befähigen kann. Möglichkeiten des Resilienzkonzeptes und der Montessori-Pädagogik 29

EINLEITUNG 30

RISIKOEINFLÜSSE 32

DAS RESILIENZKONZEPT 34

MONTESSORI – PÄDAGOGIK 43

DAS KIND ALS AKTIVER GESTALTER – DER INNERE BAUPLAN 43

FAZIT 46

LITERATURVERZEICHNIS 47

INTERNETRESSOURCEN 47

Angela Schickler (2010): Die Bedeutung von Resilienz für die Prävention von Störungen des Sozialverhaltens im Kindes- und Jugendalter 49

ABKÜRZUNGSVERZEICHNIS 50

EINLEITUNG 55

ZUR PSYCHOPATHOLOGIE DER STÖRUNG DES SOZIALVERHALTENS 58

GRUNDLAGEN DER RESILIENZ 81

FRAGESTELLUNG 112

RESILIENZFÖRDERUNG IM KONTEXT DER PRÄVENTION DER STÖRUNG DES SOZIALVERHALTENS 113

    ZIELE, EBENEN UND STRATEGIEN 114

    FAZIT UND AUSBLICK 150

    LITERATURVERZEICHNIS 156

Christopher Hahn (2012): Die Bedeutung einer feinfühligen Bezugsperson für die Resilienz eines Kindes bei Trennung und Scheidung 167

    EINLEITUNG 168

    DAS BINDUNGSVERHALTEN VON KINDERN 169

    DIE RESILIENZ EINES KINDES 171

    SCHEIDUNG UND TRENNUNG 173

    FAZIT 176

    LITERATURVERZEICHNIS 177

Einzelpublikationen 179

Stefanie Petschkuhn (2007): Inwieweit kann offene Kinder- und Jugendarbeit die Resilienzförderung unterstützen?

Einleitung

Der Begriff Resilienz bekommt immer mehr Bedeutung im Bereich Pädagogik, Bildung und Psychologie.

Die Resilienzforschung begann 1955 mit der Kauai-Längsschnittstudie. Emmy E. Werner und Ruth Smith dokumentierten über einen Zeitraum von 40 Jahren die Entwicklung von 698 Kindern, wobei sie besonderes Augenmerk auf die Kinder, die unter schwierigen sozialen Bedingungen aufwachsen mussten, legten. Diese Kinder waren zahlreichen Risikofaktoren wie chronischer Armut oder schwierigen Familienverhältnissen ausgesetzt. Die Untersuchung zeigte, dass ein Drittel der Kinder trotz der erschwerten Bedingungen zu lebenstüchtigen Erwachsenen heranwuchs, während die anderen zwei Drittel Schul- oder Drogenprobleme hatten, aggressiv waren oder straffällig wurden.

Durch solche Forschungsergebnisse wird die Frage aufgeworfen, aus welchen Gründen bestimmte Menschen oder Menschengruppen bei möglicherweise ähnlich ungünstigen Ausgangsbedingungen besser mit Schwierigkeiten und belastenden Situationen umgehen können als andere.

So genannte Risiko- und Schutzfaktoren spielen bei der Beantwortung dieser Frage die zentrale Rolle. Die Resilienzforschung will einen Ansatz bieten zur Förderung und Unterstützung kindlicher Entwicklung in schwierigen Situationen. Die Pädagogik verfolgt dabei heute einen Kompetenz- und Ressourcenorientierten Ansatz. Kinder und Jugendliche sollen so gefördert werden, dass sie lernen, ihre Potenziale auszuschöpfen und sich zu selbstsicheren, handlungsfähigen Persönlichkeiten zu entwickeln.

Im Kinder- und Jugendhilfegesetz finden sich alle rechtlichen Grundlagen zur Hilfe, Förderung, Unterstützung und zum Schutz der Entwicklung von Kindern und Jugendlichen. Im Buch VIII unter dem Paragrafen 11 definiert der Gesetzgeber die Jugendarbeit. Sie ist Teil der Jugendhilfe.

In meiner Arbeit möchte ich nun die Frage klären, ob und in wieweit die offene Kinder- und Jugendarbeit die Resilienzförderung positiv unterstützen kann.

Ich möchte zunächst auf die offene Kinder- und Jugendarbeit und deren Geschichte, Methoden und pädagogische Anforderungen eingehen.

Danach kläre ich den Begriff „Resilienz" und verdeutliche die Bedeutung von Risiko- und Schutzfaktoren in der kindlichen Entwicklung. Ein multidimensionales Bedingungsmodell aus der klinischen Psychologie lässt dabei gut das Zusammenwirken von vielen unterschiedlichen Faktoren erkennen, die unter Umständen zu einer Beeinträchtigung in der Entwicklung eines Kindes führen können.

Nachdem sowohl das Arbeitsfeld „offene Kinder- und Jugendarbeit" und die Resilienzforschung geklärt sind, werde ich mich mit der Frage beschäftigen, in wieweit die offene Kinder- und Jugendarbeit die Resilienzförderung unterstützen kann und wo ihre Chancen aber auch Probleme oder Grenzen liegen.

Offene Kinder- und Jugendarbeit

Begriffsklärung

Der Begriff „offene Kinder- und Jugendarbeit" lässt sich nicht einheitlich bestimmen. In der Literatur wird er meist nur knapp umrissen, was auf die ausgeprägte Praxisorientierung zurückgeführt werden kann (vgl. Weigand 1998, S.32). Oftmals findet man Terminologien wie „Offene Arbeit mit Kindern und Jugendlichen", „Jugendarbeit" oder auch getrennt formulierte „offene Kinderarbeit" und „offene Jugendarbeit". „Vor allem in den Schriften zur Jugendarbeit wird unter dem Leitbegriff häufig nicht oder gelegentlich nur beiläufig angemerkt, ob er auch die Arbeit mit Kindern abdeckt" (Weigand 1998, S.39).

Einen Versuch, Jugendarbeit zu definieren oder zu bestimmen, findet man im Reader Jugendhilfe 1996: „ Kinder- und Jugendarbeit richtet sich an junge Menschen bis zu 27 Jahren (ausnahmsweise auch darüber hinaus), findet in der Regel in der Freizeit und den Ferien der Kinder und Jugendlichen statt, ist geprägt durch die Freiwilligkeit der Teilnahme und orientiert sich an den Interessen, Bedürfnissen und Wünschen der jungen Menschen. Sie ist am wirksamsten, wenn sie von den jungen Menschen selbst geplant, gestaltet und angeboten, zumindest aber weitgehend mitgestaltet und mitbestimmt wird" (Schulz 1996, zitiert nach Weigand 1998, S.44).

Offene Kinder- und Jugendarbeit ist damit ein Teil der kommunalen, verbandlichen und kirchlichen Jugendarbeit. Offene Kinder und Jugendarbeit findet in Häusern der offenen Tür, Jugendclubs, Jugendzentren und Jugendhäusern statt. Sie vertritt dabei folgende Prinzipien:

Offenheit bei: Zielgruppenoffenheit, Aktivitätenvielfalt und räumlicher Zugänglichkeit und Verfügbarkeit

Selbstorganisation: Jugendliche lernen, ihre Interessen selbst zu vertreten, ein Erfahrungsfeld der Selbstorganisation und des Mündigwerdens

(vgl. Geiger 2001, S.119).

Unter dem Begriff Jugendarbeit soll in diesem Buch auch die Arbeit mit Kindern verstanden werden.

Geschichte und gesetzliche Grundlage

Jugendarbeit in unserem modernen Verständnis entwickelte sich in Deutschland seit dem ausgehenden 19. Jahrhundert im Rahmen der staatlichen Jugendpflege (vgl. Gängler 2005, S.506). Gesellschaftliche Veränderungen, wie die Industrialisierung, brachten mit sich, dass viele Jugendliche mehr Freizeit hatten und diese unbeaufsichtigt verbrachten.

1924 wurde das Reichsjugendwohlfahrtsgesetz eingeführt. Darin wurde die Jugendpflege zur Pflichtaufgabe der öffentlichen Hand erklärt, mangels Geld aber bald wieder zur Freiwilligkeitsleistung herabgestuft.

In der Nachkriegszeit wurden von der amerikanischen Militärregierung in den westlichen Zonen der Bundesrepublik Jugendverbände gegründet und die Jugendsozialarbeit etabliert. Außerdem setzten sie Jugend- und Erziehungsoffiziere ein, die unter anderem für die Einrichtungen zuständig waren, die der nichtorganisierten Jugend dienen sollten.

Die offene Jugendarbeit begann mit den neuen Anstößen der „German Youth Activities" der Besatzungsmächte ab 1945. Sie sollte die Jugendlichen „von der Straße in überdachte Straßenecken" holen. Sie war eingebunden in die Leitlinien der amerikanischen Besatzungspolitik der „Reorientierung" und ab 1948 der „Demokratisierung der Jugend" verpflichtet (vgl. Gängler 2005, S.510f).

Ziel war es, den Jugendlichen Techniken der Demokratie und Mitbestimmung durch die inhaltliche Arbeit nahe zu bringen.

Die Jugendzentrumsbewegung kam durch die Schüler- und Studentenunruhen in den sechziger Jahren in Schwung.

Den großen Durchbruch schaffte die offene Kinder- und Jugendarbeit aber erst in den 70er Jahren. Damals entstanden viele neue Einrichtungen, gerade auch in ländlichen Gemeinden. Im Zusammenhang mit dem Ausbau des Sozialstaats in jenen Jahren wurde die offene Kinder- und Jugendarbeit Teil der kommunalen Infrastruktur.

Im Laufe der siebziger und achtziger Jahre wurde die offene Kinder- und Jugendarbeit zu einem anerkannten, öffentlich finanzierten Regelangebot der kommunalen, aber auch der verbandlichen und kirchlichen Jugendarbeit.

Jugendarbeit hat sich in Deutschland, neben Familie und Schule, zunehmend als „drittes Standbein der Erziehung" etabliert. Sie trägt zur Persönlichkeitsentwicklung junger Menschen bei, wobei personale und soziale Kompetenzen angeregt und vermittelt werden.

Die gesellschaftspolitische Tendenz geht in Richtung Vernetzung und Kooperation, insbesondere zwischen Jugendarbeit und Schule (Schulsozialarbeit), aber auch zwischen Jugendarbeit und Elternhaus.

Offene Kinder- und Jugendarbeit ist heute Teil der Jugendhilfe. Ihre allgemeinen rechtlichen Grundlagen finden sich daher im „Kinder- und Jugendhilfegesetz" (KJHG VIII).

Im Paragrafen 11 „Jugendarbeit" definiert der Gesetzgeber Jugendarbeit so:

1. Jungen Menschen sind die zur Förderung ihrer Entwicklung erforderlichen Angebote der Jugendarbeit zur Verfügung zu stellen. Sie sollen an den Interessen junger Menschen anknüpfen und von ihnen mitbestimmt und mitgestaltet werden, sie zur Selbstbestimmung befähigen und zu gesellschaftlicher Mitverantwortung und zu sozialem Engagement anregen und hinführen.

2. Jugendarbeit wird angeboten von Verbänden, Gruppen und Initiativen der Jugend, von anderen Trägern der Jugendarbeit und den Trägern der öffentlichen Jugendhilfe. Sie umfasst für Mitglieder bestimmte Angebote, die offene Jugendarbeit und gemeinwesenorientierte Angebote.

3. Zu den Schwerpunkten der Jugendarbeit gehören:

   1. außerschulische Jugendbildung mit allgemeiner, politischer, sozialer, gesundheitlicher, kultureller, naturkundlicher und technischer Bildung

   2. Jugendarbeit in Sport, Spiel und Geselligkeit,

   3. arbeitswelt-, schul- und familienbezogene Jugendarbeit,

   4. internationale Jugendarbeit,

   5. Kinder- und Jugenderholung,

   6. Jugendberatung.

4. Angebote der Jugendarbeit können auch Personen, die das 27. Lebensjahr vollendet haben, in angemessenem Umfang einbeziehen.

Zielgruppen der offenen Kinder- und Jugendarbeit

Die Zielgruppen sind meist heterogene Gruppierungen. Hauptsächlich richtet sich die offene Kinder- und Jugendarbeit an Mädchen- und Jungengruppen, multikulturelle Jugendliche, Cliquen und Peergroups, kulturell interessierte Jugendliche, rechts- und gewaltorientierte Jugendliche, Jugendliche mit Migrationshintergrund, Jugendkulturen und Randgruppen (vgl. Geiger 2001, S.120).

Methoden und Arbeitsformen

Die offene Kinder- und Jugendarbeit orientiert sich an den Bedürfnissen, Wünschen und Vorstellungen der Kinder- und Jugendlichen selbst.

Dabei besteht die Arbeit unter anderem aus folgenden Elementen:

- Projektarbeit
- Gruppenarbeit
- Beziehungsarbeit
- Einzelarbeit
- Erlebnis- und Abenteuerpädagogik
- Gemeinwesenarbeit
- Mobile Jugendarbeit und Straßensozialarbeit

(vgl. Geiger 2001, S.120).

Anforderungen an das pädagogische Personal

In der offenen Kinder- und Jugendarbeit sind MitarbeiterInnen mit unterschiedlichen Qualifikationen und in unterschiedlichen Arbeitsverhältnissen beschäftigt. Neben ehrenamtlichen und nebenberuflichen sind vor allem hauptamtliche

MitarbeiterInnen in den unterschiedlichen Feldern der Kinder- und Jugendarbeit tätig. Darüber hinaus gibt es in diesem Bereich auch Zivildienstleistende, AbsolventInnen eines sozialen Jahres und PraktikantInnen. Insgesamt arbeiteten 1998 in Deutschland 41.251 Menschen in der Kinder- und Jugendarbeit, 84,7% davon hauptberuflich, 15,3% als Nebentätigkeit und 13,6% ohne Ausbildung. Von diesen Personalangaben sind 41,4% Männer und 58,6% Frauen (vgl. Thole/Pothmann 2005, S.33).

Die offene Kinder- und Jugendarbeit ist ein multidisziplinäres Arbeitsfeld. Die Person, die in diesem Bereich tätig ist, sollte sowohl über theoretisches Wissen als auch über routinierte Handlungskompetenzen verfügen. Oftmals wird es als schwer empfunden, die Theorie in die Praxis umzusetzen. Es führt kein unmittelbarer Weg vom theoretischen Wissen zum praxiskompatiblen Handlungswissen (vgl. ebd. 2005, S.33).

Ich möchte hier einige theoretische Kenntnisse herausarbeiten, die in der Kinder- und Jugendarbeit benötigt werden.

Zunächst ist es wichtig, Kenntnis über die Lebenslage und -verhältnisse von Kindern und Jugendlichen und deren soziokulturellen Hintergrund zu besitzen, um später besser auf sie eingehen zu können.

Man sollte sowohl mit den institutionellen Strukturen der Sozial- und Jugendhilfe als auch mit dem internen Aufbau öffentlicher Träger vertraut sein. Das Kinder- und Jugendhilfegesetz sollte bekannt sein und Kenntnisse über relevante gesetzliche Grundlagen für das Arbeitsfeld sowie über eigene rechtliche Verantwortlichkeiten sollten vorhanden sein.

Um bei Problemen sofort reagieren zu können, ist es wichtig, die Netzwerke der sozialpädagogischen Hilfs- und Beratungsangebote im Allgemeinen und vor allem auch ortsbezogen zu kennen.

Diese theoretischen Kenntnisse machen den Pädagogen handlungsflexibel und selbstständig und sind für den pädagogischen Alltag in der Kinder- und Jugendarbeit unumgänglich.

Jedoch braucht man auch praktische Kenntnisse und Kompetenzen.

Um in der Kinder- und Jugendarbeit effektiv arbeiten zu können braucht man gewisse kommunikative, rhetorische und schriftliche Ausdrucksfähigkeiten, um mit Jugendlichen ins Gespräch zu kommen und um Anliegen und Ziele öffentlich und verständlich machen zu können.

Außerdem sollte man situationsangemessene Spontaneität und Rollenflexibilität mitbringen.

Empathie und die damit verbundene Wahrnehmungs-, Verstehens- und Beratungskompetenz ist ein wichtiger Faktor (vgl. ebd. 2005,S.34). Sensibilität für (Problem-)Situationen und Menschen ist selbstverständlich.

Da die Kinder- und Jugendarbeit oft im Team geschieht muss die Bereitschaft zur Kooperation und Teamarbeit vorhanden sein, genauso wie Kenntnisse in Organisation, Planung und Verwaltung abseits vorstrukturierter Räume und Systeme. Gerade in der offenen und mobilen Kinder- und Jugendarbeit ist die Bereitschaft und Fähigkeit, Kontakte offensiv knüpfen zu können besonders bedeutsam (vgl. Geiger 2001, S.119ff).

Dieses multidisziplinäre Arbeitsfeld erfordert, um alle genannten Kenntnisse und Kompetenzen ausführen zu können, vor allem die Fähigkeit zur Selbstreflexion. Alte Denkmuster, Kategorien und Routinen müssen ständig überdacht und kritisiert und bei Bedarf erneuert und verbessert werden. Über die Reflexion des eigenen Berufsalltags gelangt man zu wichtigen Erfahrungswerten, die sich später in effektiven Handlungsstrategien und -routinen wiederfinden lassen (vgl. Thole/Pothmann 2005,S.33).

Resilienz

Begriffsklärung und Forschungsstand

Resilienz = Widerstandsfähigkeit

Aus dem Lateinischen: resilire =„zurückspringen", „abprallen"

> „Resilienz bezeichnet sowohl den Erwerb als auch die Verfügbarkeit von Bewältigungskompetenzen, die unter belastenden Lebensereignissen die psychosoziale Funktionstüchtigkeit aufrechterhält" (Steinhausen 2002, S.34).

Protektive Faktoren sind wahrscheinlich unspezifisch. Sie werden in einer sehr allgemeinen Weise in verschiedenen Kontexten sowie bei unterschiedlichen Belastungen und Risiken wirksam. Sie lassen sich in personelle Ressourcen, familiäre Ressourcen sowie extrafamiliärer soziale Ressourcen unterteilen.

> „Unter Resilienz wird auch die Fähigkeit von Menschen verstanden, Krisen unter Rückgriff auf persönliche und sozial vermittelte Ressourcen zu meistern und als Anlass für Entwicklung zu nutzen, wobei dieser Prozess das ganze Leben hindurch andauert" (http://www.schulische-gewaltpraevention.de/index.php?section=4_4m   Stand: 30.01.2008).

Resilienz ist das Endprodukt eines inneren Prozesses, der Risiken und Stress nicht eliminiert, der es den Menschen aber ermöglicht, damit effektiv umgehen zu können. Ziel der Forschung ist es, protektive Faktoren, die so genannten Schutzfaktoren, identifizieren und entwickeln zu können. Vorhandene Fähigkeiten und Kompetenzen des Kindes sollen so gefördert und gestärkt werden können.

Wie in der Einleitung schon erwähnt, begann die Resilienzforschung 1955 mit der Kauai-Längsschnittstudie auf Hawaii. Damals ging man noch davon aus, dass Menschen, die einmal in ihrem Leben ein traumatisches Erlebnis gut überstanden hatten, diese Eigenschaft für immer besitzen würden. In der Literatur sprach man von den „Wunderkindern".

Heute zeigt die neuere Forschung, dass Menschen nicht immer gleich resilient erscheinen. Sie überstehen eine traumatische Lebenssituation und entwickeln in ihr außergewöhnliche Kräfte, scheitern jedoch in einer anderen Situation.

„Resilienz entfaltet sich alters-. situations- und lebensbereichs-spezifisch, das heißt sie ist eine dynamische und nicht eine statische Kompetenz oder ein fixes Persönlichkeitsmerkmal, das jederzeit verfügbar ist. Resilienz ist mehrdimensional und manifestiert sich zum Beispiel als kognitive, emotionale oder handlungsorientierte Kompetenz; insofern liegen intraindividuell unterschiedliche Resilienzen in einem jeweils individuellen Profil vor, so dass nicht notwendigerweise eine auf alle Belastungen kompatible Pufferung erfolgt" (Steinhausen 2002, S.34).

Resilienzmodelle zur Resilienzförderung

- Kompensatorische Modelle
- Schutz- vs. Risikofaktoren-Modelle
- Modelle der Herausforderung
- Kumulative oder additive Modelle

Schwerpunkte der Resilienzforschung

Die Resilienzforschung legt ihre Schwerpunkte besonders in drei übergeordnete Bereiche. Man kann diese in biologische, psychische und soziale Bereiche unterteilen.

Grundsätzlich handelt es sich um ein bio-psycho-soziales Wechselspiel von vier Faktoren, nämlich Risikofaktoren, Vulnerabilitätsfaktoren, kompensatorischen Faktoren und Schutzfaktoren, die sowohl innerhalb als auch außerhalb der Person angesiedelt sind (vgl. Steinhausen 2002, S.23).

Bei den biologischen Faktoren werden individuelle Merkmale des Kindes, wie seine intellektuellen Fähigkeiten, sein Temperament und auch genetische Faktoren und neurologische Schädigungen beobachtet und festgehalten.

Im psychologischen Bereich werden psychopathologische Merkmale des Kindes berücksichtigt. Es wird geprüft, ob das Kind bereits an Verhaltensauffälligkeiten oder psychischen Störungen leidet, wie zum Beispiel ADHS.

Ein ganz wichtiger Faktor ist das soziale Umfeld. Schwierige Familienstrukturen, die Erziehungsqualität, die Bindungsqualität zwischen Eltern und Kind, die Psychopathologie der Eltern, Substanzmissbrauch, Gewalt und Vernachlässigung haben einen erheblichen Einfluss auf die Entwicklung eines Kindes. Außerdem spielen soziale Faktoren wie Armut, sozialer Status, soziale Unterstützungssysteme und die außerfamiliäre Betreuung des Kindes eine zentrale Rolle.

Entwicklungspsychopathologisches Modell

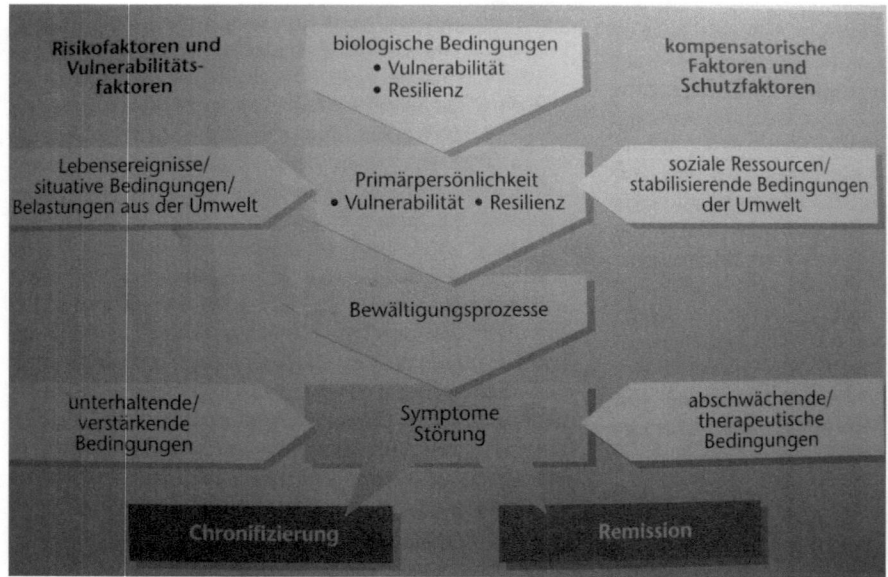

Abb.1 aus: Steinhausen 2002, S.23

Risikofaktoren

Wie das oben abgebildete Schaubild verdeutlicht, wird die Entwicklung des Kindes durch viele Faktoren beeinflusst.

Endogene Faktoren, die in dem Kind selbst liegen, wie genetische Belastungen, veränderter Hirnstoffwechsel oder prä-, pri- und postnatale Schädigungen beeinflussen den biologischen und psychologischen Bereich.

Exogene Faktoren, also Faktoren die von außen auf das Kind einwirken, lassen sich unter die sozialen Faktoren kategorisieren. Dazu gehören unter anderem chronische Armut, ein Multiproblemmilieu in dem das Kind aufzuwachsen hat, familiäre Disharmonie, Erziehungsdefizite, Ablehnung des Kindes, Missbrauch und Gewalt.

Faktoren wie ein negatives Selbstkonzept, Bindungsdefizite, verzerrte Verarbeitung sozialer Informationen, Probleme in der Schule, Überforderung, Anschluss an deviante Peergroups, kognitive Defizite und Aufmerksamkeitsprobleme wirken sich negativ auf die Entwicklung eines Kindes aus und können zu schweren Verhaltensstörungen führen, die sich wiederum negativ auf den weiteren Lebensweg auswirken.

Um dieser Vielzahl von Risiken entgegenzutreten, benötigt ein Kind kompensatorische Faktoren und Schutzfaktoren.

Schutzfaktoren: Stärkung der Resilienz

Bestimmte Basiskompetenzen erleichtern dem Kind den Alltag und lassen es schwierige Lebenssituationen besser überstehen.

Eine der wichtigsten Bedingungen dafür ist ein positives Selbstkonzept und das Erlernen von sozialen Kompetenzen. Kinder mit einem positiven Selbstkonzept können mit unangenehmen Ereignissen leichter umgehen, denn sie haben ein gutes Selbstwertgefühl und Selbstvertrauen. Sie glauben daran, die Schwierigkeiten lösen zu können. Sie verfügen über eine Kontrollerwartung und ein Gefühl der Selbstwirksamkeit. Sie können sich selbst regulieren.

Zu einem positiven Selbstkonzept gehört auch die Fähigkeit des Selbstmanagements, sich also entscheiden und organisieren zu können.

Als genauso wichtig und effektiv wird das sozial kompetente Verhalten gewertet. Emotionale Stabilität, Selbstaufmerksamkeit, Perspektivenübernahme, Kontrollüberzeugung und im behavioralen Bereich die Durchsetzungsfähigkeit, Handlungsflexibilität, Kommunikationsfertigkeit und Konfliktfähigkeit sind immer nötig, besonders aber bei traumatischen Ereignissen und schwierigen Lebensumständen.

Ein weiterer Schutzfaktor ist das soziale Netzwerk. Die Fähigkeit, Bindungen aufzubauen, gute Beziehungen zu Familienmitgliedern aufrecht zu halten, Kontakte zu knüpfen und Freundschaften zu schließen wirkt unterstützend in Notzeiten und stärkt das Selbstbewusstsein. Auch die Zugehörigkeit zu einer Musikgruppe, einem Sportverein oder anderen Hobby- oder Freizeitgruppen wirkt entlastend.

Ganz wichtig ist die Fähigkeit, die Opferrolle zu verlassen und aktiv zu werden. Resiliente Menschen ergreifen in schwierigen Situationen die Initiative und glauben an ihre eigenen Kompetenzen.

(vgl. http://www.stejh.de/Pflegeelternschule/Paedagogik/Fachartikel/Traumaforschung/Fthenakis_Resilienz, Stand: 1.2.2008)

In wieweit kann offene Kinder- und Jugendarbeit die Resilienzförderung unterstützen?

Nach unserem heutigen Kenntnisstand basiert Resilienz auf einer Wechselwirkung zwischen individuellen Möglichkeiten und sozialen Angeboten. Eines der sozialen Angebote zur Stärkung der Persönlichkeit und Entwicklung von Kompetenzen und Handlungsstrategien kann dabei die offene Kinder- und Jugendarbeit sein. Sie kann in Bezug auf Schutzfaktoren als stabilisierende Bedingung der Umwelt gesehen werden. Im Gegensatz zu den Jugendhilfemaßnahmen ist die offene Kinder- und Jugendarbeit gekennzeichnet durch ihre Freiwilligkeit, Adressatenoffenheit und Ergebnisoffenheit. Dies birgt Vor- und Nachteile, auf die ich später eingehen werde.

Ich möchte im Folgenden vor allem auf den subjektorientierten Ansatz der offenen Jugendarbeit eingehen und herausarbeiten, worin die Chancen und Grenzen der offenen Kinder- und Jugendarbeit liegen, resilientes Verhalten zu fördern und auszubauen.

> „Der eigenständige Auftrag von Jugendarbeit wird hier darin gesehen, dazu beizutragen, Heranwachsende zu einer eigenverantwortlichen und selbstbestimmten Lebensführung sowie dazu zu befähigen, zugleich das Recht Anderer anzuerkennen, ihr Leben eigenverantwortlich und eigensinnig zu gestalten. Es geht also zentral um die Stärkung autonomer Urteils-, Entscheidungs- und Handlungsfähigkeit in Auseinandersetzung mit inneren Blockaden und äußeren Einschränkungen, mit verinnerlichten Ohnmachtserfahrungen und Inkompetenzzuschreibungen, mit Konformitätserwartungen, vorgefundenen Identitätsschablonen, gesellschaftlichen Zwängen, usw." (Scherr 2005, S.206).

Die offene Jugendarbeit hat also den Auftrag und auch die Möglichkeiten, den Heranwachsenden bei einer positiven Subjektbildung durch ein sicheres Angebot an Räumlichkeiten, Strukturen und Personen zu unterstützen. Das Wort Offenheit darf dabei nicht mit Beliebigkeit verwechselt werden, denn offene Kinder- und Jugendarbeit ist immer auch mit der Funktion des Haltgebens verknüpft (vgl. Schröder 2005, S.146f).

Die Dimensionen von Subjekt-Bildung sind gerade im Bezug auf die Resilienzförderung nicht zu unterschätzen. Subjekt-Bildung kann in vier Bereiche unterteilt werden:

- Subjekt-Werdung: Entwicklung von Sprach-, Handlungs- und Reflexionsfähigkeit, Erfahrungen von Selbstwirksamkeit und allmähliche Erweiterung der Spielräume eigenständigen Handelns
- Selbstachtung: Entwicklung des Selbstwertgefühls und grundlegender Selbstkonzepte durch Erfahrungen sozialer Anerkennung
- Selbstbewusstsein: Entwicklung des Wissens über eigene Fähigkeiten, Bedürfnisse und Interessen sowie eines rational begründeten Selbstverständnisses
- Selbstbestimmung: Entwicklung von Potenzialen zu einer eigensinnigen und eigenverantwortlichen Lebensgestaltung in Auseinandersetzung mit gesellschaftlichen Möglichkeiten und Zwängen

(vgl. Scherr 2005, S.210).

Jugendarbeit steht hier im Gegensatz zur Schule und ist nicht auf berufliche Qualifizierung ausgerichtet. Der (Subjekt-)Bildungsbegriff ist daher weiter gefasst und auf die persönlichen Bedürfnisse und Interessen der Kinder- und Jugendlichen abgestimmt.

Da die offene Kinder- und Jugendarbeit auf Freiwilligkeit basiert, können Ansätze und Methoden nur dann wirksam umgesetzt werden, wenn davor, von den Pädagogen aus, Beziehungsarbeit geleistet wurde. Diese professionellen Beziehungen müssen auf Gegenseitigkeit beruhen. Die Pädagogen werden innerhalb dieser Beziehungen als Vertrauter aber auch als Person gesehen, mit der soziales Miteinander erprobt werden kann. Beispielsweise werden bei aggressiven Verhalten durch dialogische Prozesse nicht nur Moralpredigten gehalten, sondern professionell und im angemessenen Maße die Situation erkannt, reflektiert und mit dem Kind oder Jugendlichen besprochen. Dabei darf die Aggression die vielleicht auch gegen den Pädagogen persönlich gerichtet war, nicht nur geschluckt werden. Die empfangenen Gefühle müssen reflektiert wiedergespiegelt werden. So lernt das Gegenüber, seine Wut zu regulieren und wird konfliktfähig.

Zur Persönlichkeitsentwicklung brauchen Kinder und Jugendliche Experimentierfelder und Möglichkeitsräume, in denen sie sich entfalten können. Gerade in der Ablösephase von den Eltern vertreten Pädagogen gegenüber den Jugendlichen einen Rahmen, den diese als Orientierungshilfe zur Entwicklung eigener

Vorstellungen nutzen können. Jugendliche suchen ein Modell, nicht um es nachzuahmen, sondern um es für ein Begreifen-Können zu nutzen, wo menschliches Fühlen und Handeln seine Grenzen findet (vgl. Schröder 2005, S.149). Die Auseinandersetzungen untereinander und mit den Pädagogen könnte man auch als Prozess bezeichnen, „den man als Einübung in die Gesellschaft charakterisieren kann" (ebd. 2005, S.150).

Um effektiv mit den Kindern und Jugendlichen arbeiten zu können, bedarf es gewisser Vorüberlegungen.

Die Auseinandersetzung mit den jeweiligen Lebenslagen konkreter Kinder und Jugendlicher in einem Stadtteil oder einer Gemeinde machen es möglich, auf Bedürfnisse und Interessen reagieren zu können. Die offene Kinder- und Jugendarbeit kann hier auf Problemlagen eingehen, die weder von einer kommerzialisierten Freizeitindustrie aufgegriffen werden, noch in den familialen und informellen Lebenszusammenhängen Kinder und Jugendlicher zum Tragen kommen. Sie bietet Ansatzpunkte an den jeweiligen konkreten Beschädigungen, Begrenzungen und Behinderungen einer selbstbewussten und selbstbestimmten Lebensgestaltung (vgl. Scherr 2005, S.212).

Die offene Kinder- und Jugendarbeit leistet aber noch mehr. Sie ist als multifunktionales Angebot konzipiert und hat den Anspruch, die Bildungsprozesse Kinder und Jugendlicher einschließlich der Bewältigung der Probleme und Gefährdungen der Lebensgestaltung zu unterstützen. Im Unterschied zu den differenzierten Hilfeleistungen der Jugendhilfe liegt eine Chance der offene Kinder- und Jugendarbeit darin, bereits dann zu beraten und zu unterstützen, wenn das Klientel noch nicht in eine Situation geraten ist, die sie zu einem Klientel der Heimerziehung, Jugendberufshilfe oder gar des Jugendstrafrechts werden lässt. Das pädagogisch gut ausgebildete Personal erkennt soziale Gefährdungslagen frühzeitig und so kommt der offenen Kinder- und Jugendarbeit auch eine sozialpolitische Funktion der „Frühwarninstanz" zu, in der Problemlagen sichtbar werden (vgl. ebd., S.213). Wie schon unter dem Abschnitt „Anforderungen an das pädagogische Personal" erwähnt, haben Pädagogen in der offenen Kinder- und Jugendarbeit Kenntnis über die örtlichen Netzwerke der sozialpädagogischen Hilfs- und Beratungsangebote. Sie können und sollten daher auch als Vermittler zu und zwischen Jugendamt, Ärzten und Schulen fungieren.

Grenzen der Resilienzförderung

Jugendarbeit muss unter ihrer Bedingung von Freiwilligkeit und Offenheit täglich darum ringen, die Jugendlichen in ihrer jeweiligen Person konkret zu erreichen (vgl. Schröder 2005, S. 144). Das macht die Arbeit und ihre Effektivität oft schwer überschaubar. Die Möglichkeit, gezielt etwas verändern zu wollen, muss stets unter dem Aspekt der Ergebnisoffenheit gedacht werden.

In Bezug auf die Resilienzförderung kann die offene Kinder- und Jugendarbeit immer nur dann unterstützend wirken, wenn die Kinder und Jugendlichen freiwillig das Angebot der Jugendhäuser, Jugendzentren, mobilen Bauwägen und ähnliches annehmen und daran teilhaben. Das setzt unter anderem voraus, dass Einrichtungen und pädagogische Angebote der offenen Kinder- und Jugendarbeit zum Beispiel durch Werbung den gewünschten Zielgruppen bekannt und zugänglich gemacht werden müssen, um so viele Kinder und Jugendliche wie möglich erreichen zu können. Kinder aus zerstörten Familienstrukturen oder aus sehr armen Familien haben oftmals nicht die Möglichkeit, diese Angebote zu nutzen. Ihnen bleibt die Möglichkeit, ihre Lebenswelt und damit ihr soziales Netzwerk zu erweitern, verschlossen. Die Grenze der Resilienzförderung zieht sich dort entlang, wo Kindern und Jugendlichen auf Grund ihres desolaten Lebensalltags die regelmäßige Teilnahme an sozialpädagogischen Angeboten der offenen Kinder- und Jugendarbeit verhindert wird.

Weiterführende Gedanken

Aus den oben genannten Problemen heraus gedacht, muss es Aufgabe der offenen Kinder- und Jugendarbeit sein, sich die Bedürfnisse gerade sozial benachteiligter Kinder und Jugendlicher bewusst zu machen und sozialpädagogische Angebote nicht nur, aber besonders in so genannten Brennpunkt-Stadtteilen aufzubauen und daran anzupassen. Lehrer sollten versuchen, das Interesse ihrer Schüler nachmittags auf sinnvolle Freizeitgestaltung zu lenken. Kooperative Veranstaltungen zwischen Schulklassen und Jugendhäusern oder Jugendzentren, wie zum Beispiel die gemeinsame Teilnahme an Kletterkursen, Fahrradwerkstätten oder Kicker-Tunieren, könnten ein effektiver Lösungsweg sein, den Kindern und Jugendlichen die Angebotsvielfalt der offenen Kinder- und Jugendarbeit näher zu bringen und selbstverständlicher zu machen.

Kinder und Jugendliche aus bildungsfernen Familienstrukturen haben es oft schwer, ein effektives, soziales Netzwerk aufzubauen, in deren Strukturen sie sozial kompetentes Verhalten und ein positives Selbstkonzept entwickeln könnten. Soziale und psychische Risikofaktoren und die daraus möglicherweise folgenden Entwicklungsbeeinträchtigungen können durch gezielte Methoden und Ansätze der offenen Kinder- und Jugendarbeit, wie zum Beispiel den subjektorientierten Ansatz, das resiliente Verhalten der Kinder und Jugendlichen stärken und fördern. Voraussetzung dafür ist jedoch die freiwillige Teilnahme an den Angeboten. Offene Kinder- und Jugendarbeit muss, um eine attraktive und reizvolle Alternative zur Freizeitgestaltung darzustellen, ständig reflektiert werden und sich an den aktuellen Bedürfnissen und Wünschen der Kinder und Jugendlichen und deren Lebenswelt ausrichten.

Literaturverzeichnis

Gängler, Hans (2005): Die Anfänge der offenen Kinder- und Jugendarbeit. In: Deinet, Ulrich/Sturzenhecker, Benedikt (Hrsg.) (2005): Handbuch offene Kinder- und Jugendarbeit. Wiesbaden: VS Verlag für Sozialwissenschaften, 3. Auflage. S.503-510

Jugendrecht (2006): München, 27. Auflage.

Müller, C. Wolfgang (2001): Helfen und Erziehen; Soziale Arbeit im 20. Jahrhundert. Weinheim und Basel: Beltz Verlag.

Rauschenbach, Thomas (1999): Das sozialpädagogische Jahrhundert: Analyse zur Entwicklung sozialer Arbeit in der Moderne. Weinheim und München: Juventa Verlag.

Scherr, Albert (2005): Subjektorientierte offene Jugendarbeit.In: Deinet, Ulrich/Sturzenhecker, Benedikt (Hrsg.) (2005): Handbuch offene Kinder- und Jugendarbeit. Wiesbaden: VS Verlag für Sozialwissenschaften, 3. Auflage. S.205-217.

Steinhausen (2002): Psychische Störungen bei Kindern und Jugendlichen; Lehrbuch der Kinder- und Jugendpsychiatrie. München und Jena: Urban & Fischer Verlag, 5. Auflage.

Thesing, Theodor/ Geiger, Bettina/Erne-Herrmann, Petra/Klenk, Christina (2001): Sozialpädagogische Praxisfelder. Freiburg im Breisgau: Lambertus-Verlag

Thole, Werner/Pothmann, Jens (2005): Die MitarbeiterInnen. In: Deinet, Ulrich/Sturzenhecker, Benedikt (Hrsg.) (2005): Handbuch offene Kinder- und Jugendarbeit. Wiesbaden: VS Verlag für Sozialwissenschaften, 3. Auflage. S.19-37.

Weigand, Harald (1998): Die sozialökologische Perspektive in der offenen Kinderarbeit: eine qualitative Untersuchung. Regensburg: Roderer Verlag.

Wendt, Peter-Ulrich (2005): Selbstorganisation Jugendlicher und ihre Förderung durch kommunale Jugendarbeit. Hamburg: Verlag Dr. Kovac.

Quellen:

http://www.schulische-gewaltpraevention.de/index.php?section=4_4: (30.01.2008)

http://www.stejh.de/Pflegeelternschule/Paedagogik/Fachartikel/Traumaforschung/Fthenakis_Resilienz: (30.01.2008)

http://www.dge.de/modules.php?name=News&file=article&sid=550: (1.2.2008)

Abbildungen:

Abb.1 : Steinhausen 2002, S.23

Britta Wehen (2007): Wie man Kinder zu Stärke und Widerstandsfähigkeit befähigen kann. Möglichkeiten des Resilienzkonzeptes und der Montessori-Pädagogik

Einleitung

In der heutigen Gesellschaft sind Kinder der großen Anforderung ausgesetzt, mit vielfältigen Belastungen und schwierigen Lebensbedingungen bewältigen zu müssen. Sie werden mit Armut, der elterlichen Trennung oder Scheidung, Verlust von nahen Verwandten, Arbeitslosigkeit, Migration, Missbrauch oder Kriegserlebnissen direkt oder indirekt konfrontiert. Es erstaunt, dass trotz dieser schwierigen Umstände zahlreiche Kinder die Belastungen erfolgreich meistern und sich positiv entwickeln.

In den letzten Jahren nahm das Forschungsinteresse daran, was diese Kinder „stark" macht und wie sie Bewältigungskompetenzen entwickeln können, enorm zu – das Forschungsfeld „Resilienz" entstand. Damit einher geht die Abkehr von der bloßen Defizitorientierung, was also Kinder krank und schwach macht, hin zur Ressourcenorientierung. Das Hauptaugenmerk liegt nun darauf welche Stärken und Kompetenzen dabei helfen können, Risikosituationen zu bewältigen und wie diese Kompetenzen aufgebaut bzw. gezielt gefördert werden können[1]. Das Resilienzkonzept ist daher auch eng mit der Risiko- und Schutzfaktoren-Forschung verknüpft.

In Anbetracht der Tatsache, dass gegenwärtig viele Kinder extrem belastenden Situationen ausgesetzt sind, erscheint mir die Frage nach Möglichkeiten des Konzepts der „Resilienz" für eine wissenschaftliche Ausarbeitung besonders interessant. Ausgehend von dem Standpunkt, dass Kinder das Recht auf Wahrnehmung ihrer Interessen und Verbesserung ihrer Lebenssituation[2] haben, sollen in dieser Arbeit zunächst mögliche Risikofaktoren beleuchtet werden, um das Ausmaß gefährdender Lebensbedingungen zu klären. Darauf aufbauend wird das Resilienzkonzept in seinen Grundsätzen vorgestellt, neben den Charakteris-

---

[1] Wurstmann, Corinna: Von den Stärken der Kinder ausgehen. Das Konzept der Resilienz und seine Bedeutung für das pädagogische Handeln, in: Unsere Jugend 56, Heft 10, 2004, S.403 f.

[2] Deutsches Komitee für UNICEF (Hrsg.): Kinder haben Rechte! Die UN-Konvention über die Rechte des Kindes. Eine Einführung, in: unicef.de http://www.unicef.de/fileadmin/content_media/projekte/themen/PDF/D0011.pdf, Zugriff 7.8.2007.

tika werden schützende Faktoren vorgestellt sowie Schlussfolgerungen für die pädagogische Praxis zur Förderung dieser Faktoren gezogen.

Als eine weitere Möglichkeit, die Widerstandsfähigkeit der Kinder zu stärken und sie resilient gegenüber belastenden Situationen zu machen, wird im dritten Teil (auszugsweise) die Montessori-Pädagogik vorgestellt, die sich dadurch auszeichnet das Kind zu befähigen, selbständig zu denken und zu handeln sowie Schwierigkeiten gegenüber zu treten[3].

---

[3] IFAP e.V. (Hrsg.): Montessori-Pädagogik, in: montessori.de http://www.montessori.de/, Zugriff 7.8.2007.

Risikoeinflüsse

Vulnerabilität des Kindes

Das Phänomen Vulnerabilität ist das negative Gegenstück zur Resilienz. Der Begriff kennzeichnet die Verwundbarkeit, Verletzbarkeit oder Empfindlichkeit einer Person gegenüber äußeren Einflussfaktoren – also eine erhöhte Bereitschaft, psychische Erkrankungen zu entwickeln[4]. Vulnerabilitätsfaktoren sind demnach entwicklungsgefährdende Merkmale, die sich auf die biologische oder psychologische Entwicklung des Kindes beziehen. Die Risikoeinflüsse können dabei von Faktoren, die mit der Geburt in Zusammenhang stehen (Frühgeburt, niedriges Geburtsgewicht, Erkrankung des Säuglings) über genetische Faktoren, chronische Erkrankungen (Asthma, Neurodermitis, schwere Herzfehler) bis hin zu schwierigen Temperamentsmerkmalen reichen[5]

Risikofaktoren

Unter den weiteren Risikofaktoren sind entwicklungsgefährdende Merkmale zu verstehen, die psychosoziale Merkmale der Umwelt des Kindes betreffen. Hinsichtlich der Erziehungsperson können eine frühe Schwangerschaft bzw. sehr junge Elternschaft die frühkindliche Entwicklung genauso beeinträchtigen, wie Alkohol- oder Drogenkonsum der Eltern, psychische Erkrankungen eines oder beider Elternteile, eigene negative Kindheitserfahrungen oder die Abwesenheit eines Elternteils, wenn das Kind allein erziehend betreut wird. Ebenfalls ist die Partnerschaft der Eltern von großer Bedeutung, familiäre Disharmonie, Trennung bzw. Scheidung der Eltern können zu schwierigen Lebensbedingungen für das Kind führen. Problematisch kann es ebenfalls werden, wenn die Eltern häufig wechselnde Partnerschaften schließen. Risikosituationen ergeben sich weiterhin aus Erziehungsdefiziten der Eltern sowie aus einem negativen sozialen

---

[4] Wurstmann, Corinna: Resilienz, in: Bundesministerium für Bildung u. Forschung (Hrsg.): Auf den Anfang kommt es an. Perspektiven für eine Neuorientierung frühkindlicher Bildung (= Bildungsforschung Bd.16), Bonn u. Berlin 2007, S.122.

[5] Wurstmann 2004, S.406, Tabelle 1.

Umfeld. Hierunter sind insbesondere Wohngegenden mit hohem Kriminalitätsanteil, eine soziale Isolation der Familie, ein bestehender Migrationshintergrund sowie Armut oder Arbeitslosigkeit der Eltern zu fassen[6].

Traumatische Erlebnisse

Eine besondere Erscheinungsform der Risikoeinflüsse stellen außerdem traumatische Erlebnisse dar. Schwere Verkehrsunfälle, der Tod eines Elternteils, Gewalt oder sexueller Missbrauch können die kindliche Entwicklung nachhaltig beeinträchtigen und stellen die Kinder vor die Aufgabe, diese Erlebnisse verarbeiten und sich davon erholen zu müssen.

Es ist insgesamt zu beachten, dass Risikofaktoren meist nicht isoliert auftreten, sondern ein Kind in der Regel mehreren Risikobelastungen gegenübersteht. Ein Beispiel hierfür wäre ein Kind, dessen Eltern ein geringes Bildungsniveau aufweisen und zudem arbeitslos sind, infolgedessen sich eine soziale Isolation ergeben kann.

Andererseits sind Risikofaktoren nicht gleichbedeutend mit Risikofolgen. Es ist jeweils individuell zu prüfen, in welchem Fall das Kind Beeinträchtigungen zeigt[7].

---

[6] Ebd.

[7] Merten, Roland: Bildung und soziale Ungleichheiten. Oder: „...die sozialen Bedingungen der Bildung und die Bildungsbedingungen des sozialen Lebens", in: Spies, Anke / Stecklina, Gerd/ Richter, André (Hrsg.): Die Ganztagsschule. Herausforderungen an Schule und Jugendhilfe, Bd.1, Bad Heilbrunn 2005, S. 125.

Das Resilienzkonzept

Resilienz – Was ist das überhaupt? Charakteristika des Konzepts

Selbst eine Anhäufung von Risikobelastungen führt also nicht zwingend dazu, dass das Kind Entwicklungsauffälligkeiten zeigen wird. Daher liegt die Vermutung nahe, dass Schutzfaktoren in den Kinder selber bzw. der Umwelt bestehen, die das Auftreten von Entwicklungsauffälligkeiten minimieren können.

Diese Annahme speist sich insbesondere aus Forschungsergebnissen der sogenannten Kauai-Längsschnittstudie von Werner und Smith, die auf der Hawaii-Insel Kauai Kinder über 40 Jahre begleiteten und untersuchten, die 1955 geboren wurden. Obwohl bei ca. 30% der Kinder ein erhebliches Risikopotenzial bestand, entwickelte sich ein Drittel der Kinder zu leistungsfähigen und zuversichtlichen Erwachsenen[8]. Daraus wird gefolgert, dass bestimmte Eigenschaften der Kinder bzw. soziale Einflüsse im Umfeld protektive Kräfte bilden können, das Ergebnis dieser Faktoren nennt man „resiliency" bzw. im Deutschen „Resilienz".[9]

Resilienz wird demnach als Fähigkeit verstanden, erfolgreich mit Risikosituationen und negativen Folgen von Stress umzugehen. Der Begriff bezeichnet „eine psychische Widerstandsfähigkeit von Kindern gegenüber biologischen, psychologischen und psychosozialen Entwicklungsrisiken"[10]. Trotz widriger Lebensumstände zeichnen sich resiliente Kinder also durch psychische Gesundheit aus.

Für den Aufbau der Resilienz sind zwei Aspekte zu beachten. Zunächst einmal muss eine Risikosituation für die kindliche Entwicklung vorhanden sein, da ein positive Entwicklung nicht allein ein Zeichen für Resilienz sein kann. Um von dieser besonderen Widerstandsfähigkeit sprechen zu können, muss das Kind eine vorliegende Risikosituation erfolgreich bewältigt haben. Wichtig ist dabei der

---

[8] Ebd., S.26; Wurstmann, 2007, S.147 ff.

[9] Opp, Günther/ Fingerle, Michael/ Freytag, Andreas: Was Kinder stärkt. Erziehung zwischen Risiko und Resilienz, München u.a. 1999, S.15.

[10] Wurstmann, 2004, S.402.

Vergleich zu anderen Kindern, die unter ähnlichen Belastungen leiden und im Unterschied zu resilienten Kindern in ihrer Entwicklung Beeinträchtigungen aufweisen. Erst wenn sich ein Kind im Vergleich dazu erstaunlich positiv entfaltet, spricht man von Resilienz[11].

Die Widerstandsfähigkeit ist dabei bestimmten Kindern nicht angeboren und „fehlt" bei anderen Kindern, die Entwicklungsstörungen zeigen, sondern wird im Verlauf des Lebens durch einen Prozess zwischen Kind und Umwelt erworben. Weiterhin ist die Fähigkeit zu Resilienz nicht stabil und kann variieren, Resilienz ist weder eine lebenslange Fähigkeit bzw. „Immunität", noch allgemein gültig – Kinder können in bestimmten Lebensbereichen bzw. situationsspezifisch resilient reagieren und in anderen nicht[12]. Beispielsweise können Kinder, die eine ständige Disharmonie in der Familie erleben, hinsichtlich der schulischen Leistungsfähigkeit resilient sein, in sozialen Kontakten oder Bindungen hingegen nicht.

Hervorzuheben ist ebenso, dass sich Resilienz nicht nur auf das Nicht-Vorhandensein psychischer Störungen bezieht, sondern auch auf den Erwerb bzw. Erhalt altersangemessener Fähigkeiten und Kompetenzen gerichtet ist. Von großer Bedeutung ist, dass altersspezifische Entwicklungsaufgaben, wie z. B. der Spracherwerb, gemeistert werden müssen, die die Basis für die Bewältigung späterer Risikosituationen darstellen[13].

Die Resilienzforschung konzentriert sich insgesamt auf die spezifischen Ressourcen und Stärken jedes Kindes, die individuelle Bewältigung von Risikoeinflüssen rückt in den Mittelpunkt – eine Sichtweise, bei der das Kind als aktiver Gestalter seines Lebens angesehen wird und die Eigenaktivität des Kindes von enormer Bedeutung ist[14]. Dabei werden die jeweiligen Risikolagen jedoch nicht verharmlost, auch weiterhin wird die Notwendigkeit anerkannt, den Kindern

---

[11] Wurstmann, 2007, S.121.

[12] Dies., 2004, S.404 f.

[13] Dies., 2007, S.122.

[14] Dies., 2004, S.408.

Hilfestellungen anzubieten, da viele Situationen auch von resilienten Kindern nicht allein gemeistert werden können[15].

Schutzfaktoren

Was aber kann die Kinder nun „stark" machen? Welchen Faktoren erweisen sich als protektiv und was bezeichnet man überhaupt als Schutzfaktoren? Unter diesem Begriff werden „psychologische Merkmale oder Eigenschaften der sozialen Umwelt verstanden, welche die Auftretenswahrscheinlichkeit psychischer Störungen senken bzw. die Auftretenswahrscheinlichkeit eines positiven/gesunden Ergebnisses (z. B. soziale Kompetenz) erhöhen"[16]. Ihnen kommt eine besondere Bedeutung bei der Bewältigung von Risikobelastungen zu, da sie die negativen Einflüsse mildern bzw. ausgleichen können. Schützende Faktoren lassen sich basierend auf den Ergebnissen der Kauai-Studie auf drei unterschiedlichen Ebenen ausmachen, der Ebene des Kindes, der Familie sowie des sozialen Umfeldes. Alle drei Bereiche stehen in einem engen Zusammenhang und sind daher wechselseitig aufeinander zu beziehen.

Lebensbegünstigende Eigenschaften des Kindes

Resiliente Kinder zeichnen sich bereits durch positive Temperamentseigenschaften aus und werden oft als „aktiv", „liebevoll" und „gutmütig" bezeichnet[17]. Die genannten Eigenschaften führen dazu, dass bei den Bezugspersonen deutlich positivere Reaktionen ausgelöst werden können, als bei nicht resilienten Kindern. Durch positive Rückmeldungen, wie Aufmerksamkeit und Wärme, können leichter Bindungen zwischen Bezugsperson und Kind hergestellt werden. Dies ist sehr bedeutsam für die Entwicklung des Kindes, da sicher gebundene Kinder häufig über gute Problemlösestrategien verfügen, sich besser konzentrieren können und insgesamt ausdauernder und aufgeschlossener sind. Bereits im Alter von sechs Jahren können Kinder mit einer sicheren Bindung ein realistisches

---

[15] Opp/ Fingerle/ Freytag, 1999, S.9.

[16] Wurstmann, 2007, S.136.

[17] Werner, Emmy: Entwicklung zwischen Risiko und Resilienz, in: Opp, Günther/ Fingerle, Michael/ Freytag, Andreas: Was Kinder stärkt. Erziehung zwischen Risiko und Resilienz, München u.a. 1999, S.27f.

Selbstbild sowie im weiteren Entwicklungsprozess ein generell positives Selbstkonzept und eine klare Identität aufweisen. Entscheidend ist außerdem, dass resiliente Kinder zwar über gut entwickelte Selbsthilfefähigkeiten verfügen, sich andererseits aber auch dadurch auszeichnen, dass sie um Hilfe bitten, wenn es ihnen notwendig erscheint[18].

Mit zunehmendem Alter zeigen widerstandsfähige Kinder insbesondere eine effektive Nutzung ihrer eigenen Ressourcen und Fähigkeiten und sind somit auch in der Schule erfolgreich. Weiterhin sind sie von ihrer Selbstwirksamkeit überzeugt, d.h. sie gehen davon aus, dass ihre Handlungen tatsächlich etwas bewirken und verändern können. Dadurch entwickeln die Kinder Zuversicht und Vertrauen in die eigenen Fähigkeiten, was zu einer Steigerung der Selbstsicherheit sowie einer positiven Selbsteinschätzung bzw. einer optimistischen Lebenseinstellung führt[19]. Die schrittweise Übernahme von Verantwortung bzw. die Einbeziehung in Entscheidungsprozesse erweisen sich hierbei als sehr förderlich, da hierdurch Verantwortungsgefühl, Selbständigkeit und Ausdauervermögen vorangetrieben werden können. Ebenso erfahren die Kinder hierdurch Sinn und Struktur in ihrem Leben.

Ausgeprägte internale Kontrollüberzeugungen sind ebenso von großer Bedeutung. Die Kinder müssen an eigene Kontrollmöglichkeiten glauben und davon überzeugt sein, Dinge des eigenen Lebens beeinflussen zu können. Gleichzeitig müssen sie erkennen, wenn etwas von ihnen nicht zu steuern ist. So muss der Unterschied erkannt werden zwischen Problemen in der Schule, die man eventuell mit mehr Fleiß selbst beseitigen kann, und den Problemen und Streitigkeiten der Eltern, die das Kind selbst nicht regulieren kann[20].

Als weitere personale Ressourcen werden in der Forschung die Faktoren erstgeborenes Kind sowie weibliches Geschlecht (in der Kindheit)[21] und körperliche

---

[18] Wurstmann, 2007, S.155 f.

[19] Werner, 1999, S.25-36, S.28.

[20] Wurstmann, 2007, S.157.

[21] Dies., 2004, S. 407, Tabelle 2.

Gesundheitsressourcen, wie ein stabiles Immunsystem, gesunde Hygiene und körperliche Fitness, hervorgehoben[22].

Protektive Faktoren in der Familie

Als wichtigster Schutzfaktor innerhalb der Familie erweist sich für resiliente Kinder eine enge Bindung mit mindestens einer kompetenten Person. Die Beziehung zu dieser Bindungsperson sollte kontinuierlich, zuverlässig und warmherzig gestaltet sein, sodass das Kind Vertrauen aufbauen und das Bindungsmuster sichern kann. Das Interaktionsverhalten zwischen Kind und Bezugsperson sollte dabei von einem sensiblen Reagieren auf das Kind, echter Anteilnahme und Zuneigung, Anregung und Unterstützung sowie einer Wechselseitigkeit in der Interaktion gekennzeichnet sein. Generell hat sich ein eher autoritativer Erziehungsstil bewährt, d.h. dass das Erziehungsklima gegenüber dem Kind von Wertschätzung, Respekt und Akzeptanz geprägt sein sollte. Durch die Unterstützung und Anregung durch die Bezugsperson sowie eine emotional engagierte Haltung in der Erziehung wird das Kind befähigt, Grenzen zu akzeptieren, Verantwortung zu übernehmen, mit Erfolg und Misserfolg umgehen zu können sowie eigene Stärken und Schwächen wahrnehmen zu können. Das Kind kann somit Sicherheit, Entspannung und Zuversicht erfahren – gewissermaßen die wichtigsten Voraussetzungen dafür, um Resilienz gegenüber Risikobelastungen aufbauen zu können[23].

Neben diesen Faktoren können sich weiterhin ein guter Zusammenhalt bzw. Stabilität in der Familie, enge Geschwisterbeziehungen sowie ein unterstützendes, familiäres Netzwerk in Form von Verwandtschaft, Freunden oder Nachbarn als protektiv erweisen[24]. Sowohl in der Familienerziehung als auch in den Familienbeziehungen werden demzufolge Grundlagen für die Entwicklung von Resilienz geschaffen.

---

[22] Dies., 2007, S.159.

[23] Ebd., S. 160 f.

[24] Wurstmann, 2004, S.407, Tabelle 2.

Positive Erfahrungen im außerfamiliären sozialen Umfeld

Neben personalen und familialen Ressourcen geht ebenso von Personen außerhalb der Familie eine enorme Kompensationsfunktion aus, egal ob von Großeltern, Nachbarn oder Lehrern. Diese Personen unterstützen die Kinder häufig in Risikosituationen und tragen so zur unmittelbaren Problemreduzierung bei, außerdem bieten sie den Kindern positive Identifikationsmodelle. Verbindungen mit Personen außerhalb der Familie geben somit Hilfe zu einer effektiven Bewältigung einer akuten Belastung und beeinflussen gleichzeitig das zukünftige Verhalten der Kinder. Ebenso bedeutsam sind Peerkontakte und Freundschaftsbeziehungen von Kindern in Risikosituationen, da sie durch die Peerkontakte beispielsweise Erholung und Ablenkung von der Belastung erfahren, aber auch Rat und Beistand erhalten. Außerdem lernen die Kinder durch ihre Peerkontakte Perspektivübernahme und Empathie und entwickeln somit insbesondere ihre Kommunikationsfähigkeit[25]. Zu einem weiteren Schutzfaktor können Schulen werden, wenn die Kinder hier positive Erfahrungen sammeln können. Klare Regeln und Strukturen sowie ein wertschätzendes Klima gegenüber dem Kind sind hierbei unerlässlich. Genauso wichtig erweisen sich ein hoher und angemessener Leistungsstand und die positive Verstärkung der Leistungen des Kindes durch Lob und Anerkennung. Eine enge Zusammenarbeit mit dem Elternhaus und anderen sozialen Institutionen können den protektiven Charakter der Schule verstärken und dazu führen, dass das Kind ein positives Selbstbild, Problemlösefertigkeiten und zahlreiche soziale Kompetenzen aufbaut und dadurch Stresssituationen leichter bewältigen kann[26].

Resilienzförderung in der Praxis

An die Darstellung des theoretischen Hintergrunds sowie einiger Forschungsergebnisse zum Phänomen Resilienz, schließt sich die Frage an, welche Folgen dies für die pädagogische Praxis haben muss bzw. welche Fördermaßnahmen ergriffen werden müssen, um Schutzfaktoren in den vorgestellten Bereichen aufzubauen. Wie können Risikoeinflüsse vermindert und der Aufbau von Resili-

---

[25] Dies., 2007, S.162 f.

[26] Ebd., S.164 sowie Wurstmann, 2004, S. 407, Tabelle 2.

enzkompetenzen bei Kindern gefördert werden? Zentral für alle Präventionsansätze ist, dass sie möglichst früh erfolgen müssen, damit erst gar keine hinderlichen Bewältigungsstrategien internalisiert werden. Liegen bereits Risikobelastungen vor, müssen Interventionsmaßnahmen ergriffen werden. Zu unterscheiden sind bei diesen Maßnahmen drei Strategien, die jeweils an spezifischen Schlüsselstellen ansetzen. Risikozentrierte Strategien dienen dazu, die Belastungen zu reduzieren bzw. zu verhindern, als Beispiel wären hierfür spezielle Hilfsangebote zu nennen, die sich z. B. an Migranten- oder Scheidungskinder richten. Ressourcenorientierte Strategien haben die Kompetenzsteigerung des Kindes und seiner Bezugspersonen zum Ziel, an Bedeutung gewinnen hierbei insbesondere Elterntrainingsprogramme. Eine weitere Strategie ist die Prozessorientierung, bei der Basis-Protektoren wie eine sichere Eltern-Kind-Bindung entwickelt und ausgebaut werden sollen[27].

Weiterhin muss man die Maßnahmen unterscheiden, die auf der individuellen Ebene des Kindes und auf der mittelbaren Ebene der Erziehungsperson eingesetzt werden können. Direkt beim Kind sollte man insbesondere verschiedene Fähigkeiten zur Problemlösung fördern, weiterhin die kindliche Eigenaktivität durch Übernahme von Verantwortung sowie eine positive Selbsteinschätzung. Hierzu ist insbesondere das Selbstwertgefühl durch Wertschätzung und Anerkennung zu steigern. Wichtig ist außerdem, dass die Kinder lernen Stress zu bewältigen, um für problematische Situationen gewappnet zu sein[28]. Außerdem sollte man die Kinder dabei unterstützen, soziale Kompetenzen aufzubauen und sie ermutigen, sich sozial kompetenten Peers anzuschließen.

Hinsichtlich der mittelbaren Förderungsebene über die Erziehungsperson steht die Stärkung elterlicher Erziehungskompetenz im Vordergrund. Die Bezugspersonen sollten insbesondere lernen, positive Erzieherreaktionen zu zeigen, da diese das Bindungsverhalten verbessern können und eine enge Bindung von Kind und Erziehungsperson die Basis für den Aufbau von weiteren Schutzfaktoren ist. Daher wären auch Patenschaftsprogramme denkbar, bei denen sich individuelle Bezugspersonen bereit erklären, Risikokinder über einen längeren Zeitraum zu

---

[27] Wurstmann, 2007, S.169 f.

[28] Dies., 2004, S.409.

betreuen. Insgesamt ist weiterhin ein autoritativer Erziehungsstil wichtig, da dieser zum Selbstvertrauen und einem stärkeren Selbstwertgefühl der Kinder beiträgt. Hiermit hängt auch eine positive Kommunikation zwischen Erzieher und Kind zusammen. Das Kind sollte nicht bevormundet, sondern in Entscheidungsprozesse eingebunden werden und die Kommunikation generell von Respekt und Wertschätzung des Kindes geprägt sein. Ebenso wichtig ist ein positives Modellverhalten der Erziehungsperson, damit die Kinder ein Angebot zur positiven Identifikation erhalten. Mithilfe der Erziehungstechniken sollten die Kinder durch Belohnungen und Lob ermutigt und insgesamt gestärkt werden, um widerstandsfähig gegenüber Belastungen zu werden[29].

Um diese Aspekte der Eltern fördern zu können, müssen sie nicht zwingend an einem (sicherlich dennoch sehr sinnvollen) Elterntraining teilnehmen, sondern sich auf Strategien konzentrieren, die bereits alltäglich bei der Erziehung zum Einsatz kommen. Mit welchen teils simplen Mitteln man resiliente Verhaltensweisen fördern kann, soll im Folgenden exemplarisch erläutert werden[30].

Um beispielsweise das Selbstwertgefühl bzw. das Selbstvertrauen des Kindes zu stärken, sollte man es stets konstruktiv loben und kritisieren, ihm Aufmerksamkeit schenken und es bedingungslos wertschätzen. Wichtig ist es weiterhin, dem Kind Verantwortung zu übertragen, z. B. kleine Aufgaben im Haushalt zu übergeben, und ihm so zu Erfolgserlebnissen zu verhelfen. Ebenso bedeutsam für die Herausbildung eines positiven Selbstwertgefühls bzw. einer positiven Identitätsbildung ist das Erkennen von Stärken und Schwächen sowie der Aufbau von Interessen und Hobbys. Damit die Problemlösefähigkeit des Kindes gestärkt wird, sollte man es generell nicht vor Anforderungssituationen bewahren und in solch einer Anforderungssituation keine vorschnellen Hilfen anbieten. Wichtiger ist es, die Zuversicht und das Vertrauen in die eigene Selbstwirksamkeit zu fördern, z. B. indem man das Kind immer wieder ermutigt, positiv zu denken und altersangemessene Erwartungen an es stellt, die es auch erfüllen kann. Insgesamt sollten die Eltern selbst ein „resilientes Vorbild" sein, denn wenn die Kinder er-

---

[29] Wurstmann, 2004, S.409.

[30] Dies., 2007, S. 177, Tabelle B4.

leben, dass man durch Entspannung und Erholung Belastungen besser verarbeiten kann, werden sie dies auch in eigenen Risikosituationen anwenden.

In der pädagogischen Praxis kommt es zudem darauf an, die spezifischen Schutzfaktoren jedes einzelnen Kindes zu bestimmen und sie in ihrem Verhältnis zu den schädlichen Einflüssen zu analysieren und auszubauen[31].

---

[31] Merten, 2005, S.124.

Montessori – Pädagogik

Wie das Resilienzkonzept geht die Montessori-Pädagogik ebenfalls von den Stärken der Kinder aus und strebt ähnliche Ziele an: Das „Erziehungsziel ist die psychisch gesunde und eigenständige Persönlichkeit, die ihre Begabungen wahrnehmen und nutzen und ihre Schwächen kompensieren kann"[32]. Was ist also gemäß der Montessori-Pädagogik bei der Erziehung von Kindern zu beachten, damit sie zu gesunden und widerstandsfähigen Persönlichkeiten heranreifen können? Welche Grundsätze muss man akzeptieren?

Von großer Bedeutung im Zusammenhang mit der Resilienzförderung zeigen sich insbesondere die Wahrnehmung des Kindes als aktiver Gestalter sowie die Förderung der Selbständigkeit, die im Folgenden exemplarisch dargestellt werden sollen.

Das Kind als aktiver Gestalter – Der innere Bauplan

Maria Montessori ging davon aus, dass in jedem Kind ein „innerer Bauplan" der Entwicklung stecken würde. Sie verstand das Kind nicht als ein Gefäß, das durch Erwachsene gefüllt werden muss, sondern als aktiven Baumeister und argumentiert, dass die Anlagen für die geistige Entwicklung bereits im Kind selbst liegen:

> „Wie jede Keimzelle bereits den Bauplan des ganzen Organismus in sich trägt, ohne dass dieser irgendwie feststellbar wäre, so enthält jedes neugeborene Lebewesen, welcher Gattung es immer angehört, in sich den Bauplan jener psychische Instinkte und Funktionen, die das Wesen instand setzen sollen, zur Außenwelt in Beziehung zu treten."[33]

Jedes Kind verfügt nach diesem Verständnis über die Kraft und den Willen, die eigene Entwicklung aktiv zu gestalten. Demnach entscheidet das Kind selbst,

---

[32] Stein, Barbara: Montessori-Pädagogik – Das Konzept der Erziehung in Elternhaus, Kindergarten und Grundschule, in: montessori-bonn.de http://www.montessori-bonn.de/Montessori-Paedagogik%20-%20Das%20Konzept.pdf, Zugriff 9.8.2007.

[33] Fuchs, Brigitta: Maria Montessori. Ein pädagogisches Porträt, Weinheim und Basel 2003, S. 57.

was wichtig für die eigene Entwicklung ist und kann durch die aktive Auseinandersetzung mit der Umwelt seine Persönlichkeit bilden.

Im Zusammenhang mit dem inneren Bauplan stehen die sensitiven Phasen. Hierbei handelt es sich um besondere Empfänglichkeiten von vorübergehender Dauer, in denen Kinder bestimmte Fähigkeiten leichter erwerben[34]. Das Kind wählt daher selbst die Tätigkeiten, die ihm je nach Entwicklungsstadium in seiner Weiterentwicklung förderlich sind.

Dem Erwachsenen bzw. dem Erzieher kommt demzufolge eher die Aufgabe eines Beobachters zu. Da das Lernen und die Entwicklung des Kindes von inneren Gesetzen abhängig ist, muss der Erzieher sich im Hintergrund halten und den inneren Entwicklungskräften vertrauen, um diesen „Selbstaufbau" des Kindes nicht zu zerstören. Um das Kind bestmöglich bei seiner Entwicklung begleiten zu können, muss der Erzieher natürlich den Bauplan bzw. die einzelnen sensitiven Phasen[35] kennen. Nur dann kann er entscheiden, wie viel Freiraum er dem Kind zu Ermöglichung eigener Entwicklungsschritte einräumen und wo er Grenzen setzen muss.

Ebenso wichtig ist es, dass der Erzieher dem Kind durch eine entwicklungsförderliche Umgebung Gelegenheit bietet, passend zur jeweiligen sensiblen Phase etwas ganz Bestimmtes zu lernen.

„Hilf mir, es selbst zu tun"- Förderung der Selbständigkeit

Wenn der Erzieher dem Kind eine passende Umgebung und entwicklungsförderliche Materialien anbietet, kann er entscheidend zur Selbständigkeit und Unabhängigkeit des Kindes beitragen. Er muss selbst möglichst passiv werden, damit das Kind aktiv werden kann. Nur wenn das Kind ihn um Hilfe bittet (Maria Montessori wurde selbst von einem kleinen Mädchen gebeten „Hilf mir, es

---

[34] Oswald, Paul/ Schulz-Benesch, Günter (Hrsg.): Grundgedanken der Montessori-Pädagogik. Aus Maria Montessoris Schrifttum und Wirkkreis, 10. Aufl., Freiburg 1990, S.67.

[35] Die einzelnen sensitiven Phasen, in denen die Kinder für spezielle Dinge besonders empfänglich sind, werden in diesem Rahmen nicht näher erläutert. Sie sind in der einschlägigen Montessori-Literatur nachzulesen.

selbst zu tun"[36] – fortan das Schlüsselprinzip in ihrer Pädagogik), sollte er intervenieren und dem Kind z.B. die richtige Anwendung der Materialien, Spiele etc. erklären. Er sollte also nur insofern „helfen", dass das Kind in Zukunft befähigt wird, sich selbst zu helfen. Auf diese Art und Weise wird das Kind in seiner Eigenaktivität gefördert und erfährt Erfolgserlebnisse. Es lernt, eigene Ideen umzusetzen und fühlt sich dadurch auch ernst genommen. Durch eine „Vorbereitete Umgebung" können die Kinder das Tempo sowie die Inhalte ihrer Aktivitäten selbst bestimmen. Kinder, die ihrem eigenen Rhythmus und den spezifischen Interessen folgen, erleben so Selbstvertrauen und Selbständigkeit – wichtige Schritte, um in Belastungssituationen resilient reagieren zu können.

Die Montessori-Pädagogik ist jedoch nicht gleichzusetzen mit anti-autoritärer Erziehung, auch hier gibt es Regeln, die befolgt werden müssen. Durch die Montessori-Pädagogik soll lediglich jedem Kind ermöglicht werden, seine individuellen Fähigkeiten zu entfalten, das Ziel der Montessori-Pädagogik ist demnach auch „die selbständige, entscheidungsfähige und -freudige, verantwortungsbewusste, individuelle und soziale Persönlichkeit, die sich innerhalb der Vorbereiteten Umgebung in einer angenehmen, entspannten Atmosphäre entwickeln kann"[37].

---

[36] Haspel, Saskia: Hilf mir, es selbst zu tun, in: montessori.at http://www.montessori.at/montessori-paedagogik.html, Zugriff 9.8.2007.

[37] Ebd.

Fazit

Sowohl das Resilienzkonzept als auch die Montessori-Pädagogik geben Aufschluss darüber, dass man durch eine ressourcenorientierte Erziehung Kindern helfen kann, zu starken und widerstandsfähigen Persönlichkeiten heranzureifen.

Durch den Paradigmenwechsel weg von einer defizitorientierten Betrachtung, hat man sich in den letzten Jahren auf die Stärken der Kinder besonnen und darauf wie man diese weiter fördern kann. Es hat sich gezeigt, dass sich viele Kinder auch trotz einer stark belastenden Situation positiv und ohne Beeinträchtigungen zu leistungsfähigen Erwachsenen entwickeln können. Aufgrund der Resilienzforschung konnten bereits einige protektive Faktoren für die Kinder festgestellt und analysiert werden. Wünschenswert wäre es, die Wirksamkeit dieser Faktoren einerseits noch weiter zu erforschen, andererseits aber auch schon in der pädagogischen Praxis zu fördern. Dazu ist insbesondere eine andauernde Unterstützung der gefährdeten Kinder und ihrer Eltern wichtig, die Erziehungskompetenzen der Eltern müssen weiter ausgebaut werden, z. B. in Form von Elterntrainings. Auch ein Programm bei dem sich ehrenamtliche Bezugspersonen für „Risikokinder" finden, wäre denkbar.

Bezieht man die mittlerweile über 100 Jahre alten Überlegungen Maria Montessoris ein, so ergeben sich bereits aus ihrer Pädagogik Ansatzpunkte, um die Widerstandsfähigkeit von Kindern fördern zu können. Ebenso wie die Resilienzforschung geht Montessori nicht vom negativen Verhalten der Kinder aus, sondern beschäftigt sich vielmehr mit den positiven Verhaltensweisen und den Fähigkeiten des Kindes. Indem sie von einem „inneren Bauplan" und einem aktiven Kind ausgeht, konzentriert sie sich auf die Bedürfnisse, Talente und Begabungen des einzelnen Kindes. Vertreter der Montessori-Pädagogik nehmen eher die Rolle eines Beobachters als die eines Erziehers ein und ermutigen die Kinder so in ihrem eigenen Rhythmus zu lernen. Dadurch kann die individuelle Intelligenz und das kreative Problemlöseverhalten gefordert und gefördert werden und durch die Montessori-Methode ein Beitrag zu Selbständigkeit und Unabhängigkeit des Kindes geleistet werden - Grundvoraussetzungen zur Entwicklung von Resilienz und zur Entfaltung eines starken Kindes, das sich trotz widriger Lebensumstände psychisch gesund entwickeln kann.

Literaturverzeichnis

Fuchs, Brigitta: Maria Montessori. Ein pädagogisches Porträt, Weinheim und Basel 2003.

Merten, Roland: Bildung und soziale Ungleichheiten. Oder: „...die sozialen Bedingungen der Bildung und die Bildungsbedingungen des sozialen Lebens", in: Spies, Anke / Stecklina, Gerd/ Richter, André (Hrsg.): Die Ganztagsschule. Herausforderungen an Schule und Jugendhilfe, Bd.1, Bad Heilbrunn 2005, S.110-129.

Opp, Günther/ Fingerle, Michael/ Freytag, Andreas: Was Kinder stärkt. Erziehung zwischen Risiko und Resilienz, München u.a. 1999.

Oswald, Paul/ Schulz-Benesch, Günter (Hrsg.): Grundgedanken der Montessori-Pädagogik. Aus Maria Montessoris Schrifttum und Wirkkreis, 10. Aufl., Freiburg 1990.

Werner, Emmy: Entwicklung zwischen Risiko und Resilienz, in: Opp, Günther/ Fingerle, Michael/ Freytag, Andreas: Was Kinder stärkt. Erziehung zwischen Risiko und Resilienz, München u.a. 1999, S.25-36.

Wurstmann, Corinna: Resilienz, in: Bundesministerium für Bildung u. Forschung (Hrsg.): Auf den Anfang kommt es an. Perspektiven für eine Neuorientierung frühkindlicher Bildung (= Bildungsforschung Bd.16), Bonn u. Berlin 2007.

Wurstmann, Corinna: Von den Stärken der Kinder ausgehen. Das Konzept der Resilienz und seine Bedeutung für das pädagogische Handeln, in: Unsere Jugend 56, Heft 10, 2004.

Internetressourcen

Deutsches Komitee für UNICEF (Hrsg.): Kinder haben Rechte! Die UN-Konvention über die Rechte des Kindes. Eine Einführung, in: unicef.de http://www.unicef.de/fileadmin/content_media/projekte/themen/PDF/D0011.pdf, Zugriff 7.8.2007.

Haspel, Saskia: Hilf mir, es selbst zu tun, in: montessori.at http://www.montessori.at/montessori-paedagogik.html, Zugriff 9.8.2007.

IFAP e.V. (Hrsg.): Montessori-Pädagogik, in: montessori.de http://www.montessori.de/, Zugriff 7.8.2007.

Stein, Barbara: Montessori-Pädagogik – Das Konzept der Erziehung in Elternhaus, Kindergarten und Grundschule, in: montessori-bonn.de http://www.montessori-bonn.de/Montessori-Paedagogik%20-%20Das%20Konzept.pdf, Zugriff 9.8.2007.

Angela Schickler (2010): Die Bedeutung von Resilienz für die Prävention von Störungen des Sozialverhaltens im Kindes- und Jugendalter

Abkürzungsverzeichnis

AGS American Guidance Service

AKF Arbeitsgemeinschaft für katholische Familienbildung e. V.

ALF Allgemeine Lebenskompetenzen und Fertigkeiten

a. M. am Main

Aufl. Auflage

Ausg. Ausgabe

BA Bachelor of Arts

Bd. Band

Bde. Bände

bearb. bearbeitet

BGAG Berufsgenossenschaftliches Institut Arbeit und Gesundheit

BRD Bundesrepublik Deutschland

bspw. beispielsweise

BZgA Bundeszentrale für gesundheitliche Aufklärung

bzw. beziehungsweise

ca. lat.: circa (dt.: ungefähr)

d die Effektgröße für Mittelwertunterschiede zw. zwei Gruppen mit gleicher Gruppengröße

DGUV Deutsche Gesetzliche Unfallversicherung

DGVT Deutsche Gesellschaft für Verhaltenstherapie e. V.

d. h. das heißt

Dr. Doktor

DSM Diagnostic and Statistical Manual of Mental Disorders

Dt. Deutsche

EFFEKT Entwicklungsförderung in Familien: Eltern- und Kindertraining

engl. englisch

erw. erweiterte

et al. lat.: et alii (dt.: und andere)

etc. lat.: et cetera (dt.: und so weiter)

e. V. eingetragener Verein

F Medizinische Diagnoseverschlüsselung für psychische Störungen und Verhaltensstörungen

f. folgende Seite

ff. folgende Seiten

FAGT Freiburger Anti-Gewalt-Training

FoSS Förderung der Selbstwirksamkeit und Selbstbestimmung im Unterricht

Ges. Gesellschaft

gesetz. gesetzlich

ggf. gegebenenfalls

GM German Modification

GmbH Gesellschaft mit beschränkter Haftung

Hrsg. Herausgeber

i. Brsg. im Breisgau

ICD International Statistical Classification of Diseases and Related Health Problems

IKPL Ich kann Probleme lösen

IPSY Information + psychosoziale Kompetenz = Schutz

KiGa Kindergarten

KiGGS Kinder- und Jugendgesundheitssurvey

KiTa Kindertagesstätte

lat. lateinisch

min. Minute

n Umfang der Stichprobe

n. nach

od. oder

ÖIF Österreichischer Integrations Fonds

o. J. ohne Jahr

Orig. Original

RKI Robert Koch Institut

PRiK Prävention und Resilienzförderung in Kindertageseinrichtungen

Prof. Professor

Publ. Publikation

PVU Psychologie Verlags Union

S. Seite

s. siehe

sic. lat. so

s. o. siehe oben

sog. so genannte

SPFH Sozialpädagogische Familienhilfe

s. u. siehe unten

STEP Systematic Training for Effective Parenting

TR Text Revision

u. und

u. a. unter anderem

überarb. überarbeitet

URL Uniform Resource Locator

UTB Uni Taschenbücher GmbH

v. vom

v. a. vor allem

veränd. verändert

vgl. vergleiche

Verl. Verlag

VIA Verhaltenstherapeutische Intervention zur Reduktion von Aggression

vollst. vollständig

VS Verlag Sozialwissenschaften

WHO World Health Organization

wuv Wien Universitätsverlag

z. B. zum Beispiel

zit. n. zitiert nach

ZNS Zentralnervensystem

ZPS Zeitschrift für Psychodrama und Soziometrie

zw.   zwischen

Einleitung

Wilhelm Busch beschreibt in seinem Buch „Max und Moritz" (1865) (in Hochhuth o. J. S. 19-69) anschaulich die problematischen Verhaltensweisen seiner beiden Protagonisten, Max und Moritz, die inzwischen weltbekannte Kultfiguren sind:

„Ach, was muss man oft von bösen

Kindern hören oder lesen!

Wie zum Beispiel hier von diesen,

Welche Max und Moritz hießen;

Die anstatt durch weise Lehre

Sich zum Guten zu bekehren,

Oftmals noch darüber lachten

Und sich heimlich lustig machten.

Ja, zur Übeltätigkeit,

Ja, dazu ist man bereit!

Menschen necken, Tiere quälen,

Äpfel, Birnen, Zwetschgen stehlen,

Das ist freilich angenehmer

Und dazu auch viel bequemer,

Als in der Kirche oder Schule

Festzusitzen auf dem Stuhle [...]"

(Busch 1856 S. 19).

Die von Busch in „Max und Moritz" erzählten Handlungen deuten auf Symptome hin, welche – nach dem aktuellen Stand der Forschung – die Symptome einer Störung des Sozialverhaltens charakterisieren. Diese und andere Handlungen sind auch in der heutigen Zeit häufig bei Kindern und Jugendlichen zu beobachten.

Delinquente, dissoziale, aggressive und oppositionelle Verhaltensweisen werden in der Kinder- und Jugendpsychiatrie unter dem Begriff *Störung des Sozialverhaltens* zusammengefasst (Baving 2006 S. 6; Grasmann 2009 S. 1). Kinder und Jugendliche, die ein solches Verhalten aufzeigen, unterliegen einem hohen Risiko, im Erwachsenenalter gewalttätig und kriminell zu werden, unter psychischen Problemen zu leiden oder auch eine Substanzabhängigkeit zu entwickeln (Essau & Conradt 2004 S. 11).

Die Störung des Sozialverhaltens geht mit erheblichen Problemen einher. Nicht nur für die Betroffenen selbst, sondern auch für die Gesellschaft. Zum einen direkt durch die Täterschaft, zum anderen indirekt durch erhebliche Kosten in der Behandlung, Betreuung und Rehabilitation, Maßnahmen in Heimen oder die Unterbringung in Gefängnissen. Verschiedene Bemühungen diesen Problemen entgegen zu wirken, führten zu entsprechenden Präventionsmaßnahmen (Lösel et al. 2006 S. 128).

Die vorliegende Bachelorarbeit gliedert sich im Wesentlichen in drei Hauptteile:

Der erste Teil gibt zunächst einen systematischen Überblick über die Psychopathologie der Störungen des Sozialverhaltens.

Kinder sind verletzlich – zahlreiche Risikofaktoren können ihre Entwicklung beeinträchtigen. Manchmal können Kinder aber auch schwierige Lebenssituationen erfolgreich bewältigen. In diesem Fall spricht man von „Resilienz". Die Kernfrage lautet: „Was macht Kinder stark?" (Wustmann 2009 S. 14). Mit den Befunden der Resilienzforschung beschäftigt sich der zweite Teil dieser Arbeit.

Daraus ergibt sich die zentrale Fragestellung: Welche Erkenntnisse und neuen Wege lassen sich aus der Resilienzforschung ableiten, die für die Prävention einer Störung des Sozialverhaltens von Bedeutung sind? Die Beantwortung dieser Frage wird im dritten Teil der Arbeit behandelt.

Resiliente Kinder haben bessere Chancen, gesellschaftliche, familiäre und individuelle Krisen erfolgreich zu bewältigen. Somit erweist sich Resilienz als Voraussetzung, dass Kinder sich selbstsicher, gesund und zu kompetenten Persönlichkeiten entwickeln können. Entscheidende Anhaltspunkte für Fördermöglichkeiten erschließt die Resilienzforschung. Kinder benötigen entsprechende Basiskompetenzen, sowie auch Unterstützungsleistungen, um trotz widriger Einflüsse und Risikobedingungen nicht zu scheitern (Wustmann 2009 S 15).

In der Präventionspraxis der Störung des Sozialverhaltens muss daher alles dafür getan werden, dass Kinder mit den zur Verfügung stehenden Mitteln tatkräftig unterstützt werden (Wustmann 2009 S. 15).

Das Ziel dieser Arbeit ist es, theoretische Möglichkeiten der Resilienzförderung aufzuzeigen. Darüber hinaus sollen bestehende Programme, die in der Praxis bereits existieren, skizziert werden. Es handelt sich dabei um präventive Maßnahmen, die entwicklungsgefährdete Kinder und Jugendliche stärken. Der Fokus liegt stets darauf, durch Prävention die Prognosen einer Störung des Sozialverhaltens zu verbessern, um letztlich die Inzidenzrate und die Prävalenzrate langfristig zu senken.

Zur Psychopathologie der Störung des Sozialverhaltens

Die Störung des Sozialverhaltens ist eine Störung des Kindes- und Jugendalters. Im Folgenden werden relevante Merkmale der Psychopathologie thematisiert.

Definition und Klassifikation

Die Störung des Sozialverhaltens umfasst eine hohe Anzahl von unkontrollierten Verhaltensweisen (Davison et al. 2007 S. 551). Die allgemeine Symptomatik ist gekennzeichnet durch ein wiederkehrendes und anhaltendes Muster von Dissozialität, Aggressivität und aufsässigem Verhalten (Knopf & Dauer 2005 S. 111); Hartmann (1977) spricht in diesem Zusammenhang von einem persistenten Sozialversagen, – ein überdauerndes Verstoßen gegen die Regeln des Zusammenlebens (Schmidt 2004 S. 67 zit. n. Hartmann). Im Extremfall umfasst die Störung schwere Verletzungen der altersentsprechenden sozialen Normen und Gesetze. Bei der Diagnosestellung ist ein Verhaltensmuster gefordert, das über „tolerierbares Verhalten", wie leichte Regelverletzungen und jugendliche Aufmüpfigkeit, oder auch einzelne kriminelle Handlungen hinausgeht (Baving 2006 S. 6; Blanz 2002 S. 198; Boumann 2008 S. 12; Dilling & Schulte-Markwort 2010 S. 190; Knopf & Dauer 2005 S. 111f.; Lentze et al. 2007 S. 1613; Schmidt 2004 S. 115; Steinhausen 2000 S. 225).

Im ICD-10 (Weltgesundheitsorganisation 2010), wird die Störung des Sozialverhaltens im Diagnoseschlüssel F91 kodiert (Dilling & Schulte-Markwort 2010 S. 190-193).

Der ICD-10 beschreibt insgesamt folgende 23 Symptome:

„1. für das Entwicklungsalter ungewöhnlich häufige und schwere Wutausbrüche

2. häufiges Streiten mit Erwachsenen

3. häufige aktive Verweigerung von Forderungen Erwachsener und Hinwegsetzten über Regeln

4. häufiges, offensichtlich wohl überlegtes Handeln, das andere [sic] ärgert

5. häufiges verantwortlich machen anderer [sic] für die eigenen Fehler oder eigenes Fehlverhalten

6. häufige Empfindlichkeiten oder sich belästigt fühlen durch andere [sic]

7. häufiger Ärger oder Groll

8. häufige Gehässigkeit oder Rachsucht

9. häufiges Lügen oder Brechen von Versprechen, um materielle Vorteile und Begünstigungen zu erhalten oder um Verpflichtungen zu vermeiden

10. häufiges Beginnen von körperlichen Auseinandersetzungen (außer Geschwisterauseinandersetzungen)

11. Gebrauch von möglicherweise gefährlichen Waffen (z. B. Schlagholz, Ziegelstein, zerbrochene Flasche, Messer, Gewehr)

12. häufiges Draußenbleiben in der Dunkelheit, entgegen dem Verbot der Eltern (beginnend vor dem 13. Lebensjahr)

13. körperliche Grausamkeiten gegenüber anderen Menschen (z. B. Fesseln, ein Opfer mit einem Messer oder mit Feuer verletzen)

14. Tierquälerei

15. absichtliche Zerstörung des Eigentums anderer [sic] (außer Brandstiftung)

16. absichtliches Feuerlegen mit dem Risiko oder der Absicht, ernsthaften Schaden anzurichten

17. Stehlen von Wertgegenständen ohne Konfrontation mit dem Opfer, entweder Zuhause oder außerhalb (z. B. Ladendiebstahl, Einbruch, Unterschriftenfälschung)

18. häufiges Schule schwänzen, beginnend vor dem 13. Lebensjahr

19. Weglaufen von den Eltern oder elterlichen Ersatzpersonen, mindestens zweimal oder länger als eine Nacht (außer dies geschieht zur Vermeidung körperlicher oder sexueller Misshandlung)

20. eine kriminelle Handlung, bei der das Opfer direkt angegriffen wird, (einschließlich Handtaschenraub, Erpressung, Straßenraub)

21. Zwingen einer anderen Person zu sexuellen Aktivitäten

22. häufiges Tyrannisieren anderer [sic] (z. B. absichtliches Zufügen von Schmerzen oder Verletzungen – einschließlich andauernder Einschüchterung, Quälen oder Belästigung)

23. Einbruch in Häuser, Gebäude oder Autos"

(Dilling & Schulte-Markwort 2010 S. 190f.).

Zusammenfassend nennt die Deutsche Gesellschaft für Kinder- und Jugendpsychiatrie und Psychotherapie (2007), neun wesentliche Leitsymptome der Störung des Sozialverhaltens:

„• deutliches Maß an Ungehorsam, Streiten oder Tyrannisieren

• ungewöhnlich häufige oder Schwere Wutausbrüche

• Grausamkeiten gegenüber anderen Menschen oder gegenüber Tieren

• erhebliche Destruktivität gegen Eigentum

• Zündeln

• Stehlen

• häufiges Lügen

• Schule schwänzen

• Weglaufen von zu Hause"

(Dt. Ges. für Kinder- und Jugendpsychiatrie und Psychotherapie 2007 S. 265).

Jedes der oben aufgeführten Leitsymptome rechtfertigt bei schwerer Ausprägung über den Zeitraum von einem halben Jahr (nicht bei einmaligem Auftreten), die Diagnose einer Störung des Sozialverhaltens (Baving 2006 S. 7; Blanz 2002 S. 198; Boumann 2008 S. 12; Dilling & Schulte-Markwort 2010 S. 190; Dt. Ges. für Kinder- und Jugendpsychiatrie und Psychotherapie 2007 S. 265).

Bei der Diagnosestellung können zusätzliche Differenzierungen vorgenommen werden. Man unterscheidet den Zeitpunkt des ersten Auftretens in der Kindheit oder Adoleszenz vor oder nach dem 10. Lebensjahr (Dilling & Schulte-Markwort 2010 S. 191). Darüber hinaus gibt es eine Unterscheidung in Untergruppen nach Schweregrad: leicht, mittelgradig oder schwer (Dilling & Schulte-Markwort 2010 S. 192; Baving 2006 S. 7).

In der Beurteilung der Diagnosestellung sollte ebenfalls das Geschlecht, das Lebensalter sowie der jeweilige Entwicklungsstand berücksichtigt werden (Baving 2006 S. 34).

Im Wesentlichen wird eine Einteilung in die folgenden vier Untergruppen vorgenommen:

Auf den familiären Rahmen beschränkte Störung des Sozialverhaltens (F91.0): Hier wird auf die Beschränkung hingewiesen, die sich fast ausschließlich auf den häuslichen Rahmen und die Interaktion zwischen den Familienmitgliedern bezieht. Die Bindungen, die außerhalb der Familie bestehen, bewegen sich meistens im normalen Rahmen.

Störung des Sozialverhaltens bei fehlenden sozialen Bindungen (F91.1): Diese Untergruppe beschreibt das Fehlen einer Peergroup, d. h. die Betroffenen sind unbeliebt und leben isoliert. Auch die Beziehungen zu Erwachsenen gestalten sich oftmals schwierig.

Störung des Sozialverhaltens bei vorhandenen sozialen Bindungen (F91.2): Die Betroffenen verfügen über angemessene und auch andauernde Freundschaften (unter Ausschluss anderer dissozialer Gleichaltriger).

Störung des Sozialverhaltens mit oppositionellem, aufsässigen Verhalten (F91.3): Hierbei handelt es sich um eine leichte Form der Störung des Sozialverhaltens, die sich überwiegend bei jüngeren Kindern bemerkbar macht. Dabei werden die Gesetze und Grundrechte Anderer nicht verletzt.

(Baving 2006 S. 8; Boumann 2008 S. 12-17; Dilling & Schulte-Markwort 2010 S. 191-193; Steinhausen 2002 S. 215f.)

Des Weiteren sind im ICD-10 die Untergruppen *Sonstige Störung des Sozialverhaltens* (F91.8) und *Nicht näher bezeichnete Störung des Sozialverhaltens* (F91.9) aufgeführt. Hierzu finden sich jedoch keine näheren Erläuterungen (Baving 2006 S. 8).

Als eine weitere Ausprägungsform kann sich die sogenannte *hyperkinetische Störung des Sozialverhaltens* (F90.1) zeigen. Hier liegen neben den Kriterien einer Störung des Sozialverhaltens ebenso Kriterien der Aktivitäts- und Aufmerksamkeitsstörung vor (Dilling & Schulte-Markwort 2010 S. 189).

Die Kodierung F92 beinhaltet zusätzlich die Kombination eines gestörten Sozialverhaltens bei gleichzeitig gestörten Emotionen. F92.0 beschreibt die Störung des Sozialverhaltens mit depressiver Störung, F92.8 sonstige kombinierte Störung des Sozialverhaltens und der Emotionen und F92.9 nicht näher bezeichnete kombinierte Störung des Sozialverhaltens und der Emotionen (Dilling & Schulte-Markwort 2010 S. 194).

Die diagnostische Kategorie *Störung des Sozialverhaltens* im DSM-IV (Amerikan Psychiatric Association 1994) wird mit dem Oberbegriff „engl. *disruptive behavior disorder*" beschrieben. Das DSM-IV unterscheidet im Wesentlichen zwei Formen: die Störung des Sozialverhaltens „engl. *conduct disorder*" und die weniger schwerwiegende Störung mit oppositionellem Trotzverhalten „engl. *oppositional-defiant disorder*" (Saß 2003 S. 123-133). Das DSM-IV kategorisiert die Störung des Sozialverhaltens in vier Symptomgruppen:

Aggressives Verhalten gegenüber Menschen und Tieren

Zerstörung von Eigentum

Betrug und Diebstahl

Schwere Regelverstöße

(Saß 2003 S. 123f.).

Hinsichtlich der diagnostischen Kriterien zeigen sich deutliche Unterschiede zwischen den beiden Klassifizierungssystemen. Müssen für die Diagnose einer „engl. *conduct disorder*" laut DSM-IV insgesamt 3 Symptome vorhanden sein, so ist nach dem ICD-10 das Vorliegen eines einzigen Symptomes in außerordentlicher Ausprägung und für die Dauer von 6 Monaten zur Diagnosestellung ausreichend (Baving 2006 S. 13). Des Weiteren kann im DSM-IV eine Differenzierung (ebenso wie im ICD-10) bezüglich des Auftretensbeginns vor oder nach dem 10. Lebensjahr sowie die Intensitätsgrade „gering", „moderat" oder „hoch" in die Kodierung mit aufgenommen werden (Boumann 2008 S. 19).

Steinhausen (2002) stellt in seiner Orientierung an Frick (1993) ein zweidimensionales Modell für eine Störung des Sozialverhaltens auf.

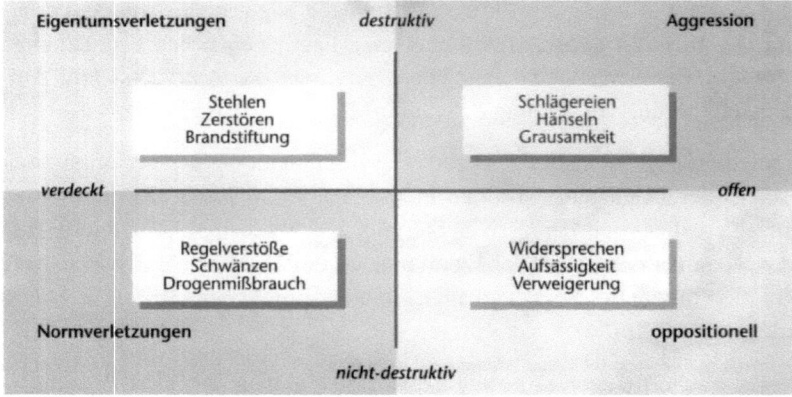

Abbildung 1: Zweidimensonales Modell für Störungen des Sozialverhaltens

(Quelle: Steinhausen 2002 S. 211 in Orientierung an Frick et al. 1993)

Das Modell auf Abbildung 1 berücksichtigt die Dimensionen des offen versus verdeckten Verhaltens sowie des destruktiven versus nicht destruktiven Verhaltens. Es beinhaltet sowohl die empirisch relevanten Merkmale der Störung des Sozialverhaltens, als auch die Merkmale, die für die Praxis wichtig sind (Steinhausen 2002 S. 211f.).

Gegenstand dieser Bachelorarbeit sind alle Störungen des Sozialverhaltens nach ICD-10 (die entsprechenden diagnostischen Kategorien F90.1, F91 mit den genannten Untergruppen und F92) und auch die zwei Formen „engl. *conduct disorder*" und „engl. *oppositional-defiant disorder*" nach dem DSM-IV. In Bezug auf den Präventionskontext sind auch diejenigen Merkmale der Störung des Sozialverhaltens zu berücksichtigen, die noch nicht den entsprechenden Diagnosekriterien gerecht werden, aber Verhaltensrichtungen aufzeigen, wie sie aus **Abbildung 1** ersichtlich werden.

Komorbiditäten

Häufig stehen psychische Probleme im Kindes- und Jugendalter mit anderen Schwierigkeiten im Zusammenhang. Bei Betroffenen mit einer Störung des Sozialverhaltens sind durchschnittlich zwei bis drei diagnostizierbare psychische Störungen vorhanden. (Diese Aussage bezieht sich auf Betroffene, die in eine psychiatrische Behandlung kommen) (Klicpera & Gasteiger-Klicpera 2007 S. 143 zit. n. Essau 2003). Komorbiditäten bei der Störung des Sozialverhaltens sind bei 50% der Betroffenen Formen der *hyperkinetischen Störung* (F90.1). Weiter können im Jugendalter bei 20% der Fälle jegliche Arten von *Substanzmissbrauch* (F1) auftreten. In manchen Fällen zeigen sich auch *depressive Störungen* (F92) (Boumann 2008 S. 23-27). Darüber hinaus können *Phobische oder Angststörungen* (F92) komorbid auftreten (Dt. Ges. für Kinder- und Jugendpsychiatrie und Psychotherapie 2007 S. 269). Bei 40% der Betroffenen wird beim Übergang ins Erwachsenenalter eine *dissoziale Persönlichkeitsstörung* (F.60.2) beschrieben (Boumann 2008 S. 25).

Neben den eben beschriebenen Komorbiditäten gibt es noch viele weitere kritische Begleitphänomene. Dazu gehören z. B. Probleme im Bereich der Schule bspw. Leistungsprobleme, Klassenwiederholung, Ausgrenzung aus der Klassengemeinschaft, Schulabbruch. Ferner treten Strafanfälligkeiten, die Tendenz zum Risikoverhalten, die Neigung zu Unfällen und frühe sexuelle Aktivitäten mit promisken Zügen auf (Boumann 2008 S. 27f.). Auch zeigen sich erhebliche Entwicklungsverzögerungen und ein Somatisierungsverhalten als Vermeidungsverhalten bei sozialen Anforderungen (Boumann 2008 S. 28 zit. n. Fend 2001).

Diagnostik

Im Rahmen der Diagnostik werden die oben angesprochenen Problembereiche sorgfältig eruiert (Schmidt 1999 S. 215). Die Symptomatik wird mittels Interviews mit dem Kind/Jugendlichen und den Eltern erfragt. Darüber hinaus wird die Qualität der Familien- und der Peerbeziehungen ergründet. Beim Betroffenen wird auch das Freizeitverhalten, insbesondere gewaltbezogene Computerspiele, die bestraften Delinquenzen und Dunkelfelddelinquenzen, der Alkohol-, Nikotin- und Drogenkonsum, die sexuelle Entwicklung und das Selbstbild erfragt. Bei den Eltern wird der Umgang mit Problemen, die familiären Ressourcen (Stress, sozioökonomischer Status, soziale Integration/Isolation), die elterlichen Erziehungsmethoden (Inkonsistenz, Gewährenlassen, Vernachlässigung, Grenzsetzung, Strenge), der Umgang mit Aggression von Seiten des Kindes/Jugendlichen sowie Konfliktlösestrategien ermittelt (Dt. Ges. für Kinder- und Jugendpsychiatrie und Psychotherapie 2007 S. 267f.).

Einen weiteren zentralen Teilbereich stellt die Erfragung der Entwicklungsgeschichte dar (Steinhausen 2002 S. 216). Hier werden möglicherweise relevante Aspekte, wie z. B. die pränatale Geburtsanamnese (insbesondere der mütterliche Alkohol- und Drogenmissbrauch), oder auch mütterliche Infektionserkrankungen erfasst. Weiter gilt es, die Einnahme von Medikamenten, die medizinische Vorgeschichte (insbesondere ZNS-Beeinträchtigungen), bereits erlebte Erfahrungen bezüglich körperlichem und/oder sexuellem Missbrauch, die Familiengeschichte in Bezug auf den Stieffamilienstatus, Adoption, Unterbringung in Pflegeheimen oder Heimen zu erfragen. Darüber hinaus ist es notwendig die Ausbildung von Gewissen und Schuldgefühl zu ermitteln sowie die Schullaufbahn und die Entwicklung etwaiger schulischer Leistungsschwierigkeiten zu betrachten (Dt. Ges. für Kinder- und Jugendpsychiatrie und Psychotherapie 2007 S. 267f.).

Differenzialdiagnostik

Eine differenzialdiagnostische Abgrenzung der Symptome der Störung des Sozialverhaltens ist v. a. hinsichtlich folgenden klinisch-psychiatrischer Störungsbilder erforderlich, da diese in mehreren Symptombereichen Parallelen aufweisen:

Aktivitäts- und Aufmerksamkeitsstörung (F90.0)

Dissoziale Persönlichkeitsstörung (F60.2)

Schizophrenie (F20)

Manische Episode (F30)

Intelligenzminderung (F7)

Autistisches Syndrom (F84)

Hirnorganische Psychosyndrome (F07)

Impulskontrollstörung (F63)

Posttraumatische Belastungsstörung ((F43.1)

Anpassungsstörung (F43.2)

Substanzmissbrauch (F1)

Bulimia nervosa (F50.2)

(Blanz 2002 S. 200).

Epidemiologie

Je nach AutorInnen und in Abhängigkeit zu den jeweiligen regionalen Unterschieden, den unterschiedlichen Terminologien, den verschiedenen Erhebungsmethoden (Klicpera & Gasteiger-Klicpera 2007 S. 145) sowie der Altersgruppe und der Stichprobenbeziehung, variieren die Angaben zur Prävalenz (Lösel 2008 S. 2; Fröhlich-Gildhoff & Abler 2006 S. 21).

Durch die BELLA- Studie (2007) im Kindes- und Jugendgesundheitssurvey (KiGGS) zur psychischen Gesundheit von Kindern und Jugendlichen in Deutschland wurden zum ersten Mal verlässliche Zahlen zur Häufigkeit der Störung des Sozialverhaltens in der Allgemeinbevölkerung benannt (Boumann 2008 S. 28). Dabei zeigen 7,6% der Kinder und Jugendlichen Kennzeichen einer Störung des Sozialverhaltens. Die Zahlen basieren auf einer Untersuchung zwischen Mai 2003 und Mai 2006 mit einer repräsentativen Stichprobe von 17641 Probanden im Alter von 0 bzw. 3 bis 17 Jahren (Revens-Sieberer, Wille N. & Bettge 2007 S. 873).

Erhebliche Varianzen der Prävalenzrate bestehen bei den Angaben der Geschlechtsunterschiede. In der oben zitierten BELLA- Studie sind 7,9% der Jungen und 7,2% der Mädchen betroffen (Revens-Sieberer, Wille N. & Bettge 2007 S. 875). Andere AutorInnen nennen ein bis zu viermal häufigeres Auftreten bei

Jungen (Klicpera & Gasteiger-Klicpera 2007 S. 145 zit. n. Moffitt, Caspi, Rutter & Silva 2001).

Folgend werden verschiedene Angaben zur Prävalenzrate der Störung des Sozialverhaltens dargestellt:

Untersuchung durch:	Prävalenz	Quelle
American Psychiatric Association, 1996	8% aller Kinder und Jugendlichen (6-16% Jungen, 2-9% Mädchen)	Petermann, Döpfner & Schmidt, 2001
Mannheimer Risiko-Kinder-Studie	14,5% diagnostizierte Kinder der Stichprobe (Grundschulalter), davon 70% Jungen, 30% Mädchen	Lauch, 2003
Romano et al., 2001	4,2% 14- bis 17- Jährige (Selbstbericht Jugendliche und Beeinträchtigungskriterien) (5,5% Jungen, 2, 9% Mädchen)	Essau & Conradt, 2004
Lahey et al., 1998	0-11,9% (4- bis 18 Jährige, Median 2%)	Scheithauer & Petermann, 2004

Tabelle 1: Prävalenz der Störung des Sozialverhaltens
(Quelle: Fröhlich-Gildhoff & Abler 2006 S. 21)

Diese Zusammenstellung der Prävalenzraten der Störung des Sozialverhaltens bzw. aggressiv- dissozialen Verhaltens macht deutlich, wie verschieden die Einschätzungen sind.

Das DSM-IV nennt die Störung des Sozialverhaltens als eine der „am häufigsten diagnostizierten Zustände in stationären und nicht-stationären therapeutischen Einrichtungen für Kinder" (Saß 2003 S. 127).

Schlussfolgernd kann die übereinstimmende Aussage gemacht werden, dass die Störung des Sozialverhaltens zu den zahlreichsten ermittelten Störungsformen zählt (so auch Fröhlich-Gildhoff & Abler 2006 S. 21).

In der Literatur finden sich viele unterschiedliche Aussagen darüber, ob aggressives Verhalten in den letzten Jahren zugenommen hat. Laut Aussagen von Boumann (2008) zeigte sich mehr als eine Verdoppelung der Häufigkeit des Auftretens bei Störungen des Sozialverhaltens während des Untersuchungszeitraums von 1993 und 2003 (sie basieren auf Aussagen der Krankheitsdiagnostik zw. den genannten Jahren) (Boumann 2008 S. 30ff.). Bei einer Langzeituntersuchung über 20 Jahre, von Kleiber und Meixner (2000) konnte ein Anstieg der

Delinquenzrate im Jugendalter an Hauptschulen festgestellt werden (S. 192). Nach Angaben der polizeilichen Kriminalstatistik ist eine deutliche Zunahme an Gewaltdelikten zu beobachten. Die Angaben zur Verurteilungsstatistik zeigen dem gegenüber nur einen geringen Anstieg (Ostendorf 2002 S. 22).

Schlussfolgernd, kann festgehalten werden, dass sich durch die Prävalenzrate die Wichtigkeit von Präventionsmaßnahmen der Störung des Sozialverhaltens begründen lässt (so auch Beelmann 2004 S. 113).

Verlauf und Prognose

Steinhausen (2002) stellt in Orientierung an Loeber (1990) ein Entwicklungsmodell der Störungen des Sozialverhaltens auf.

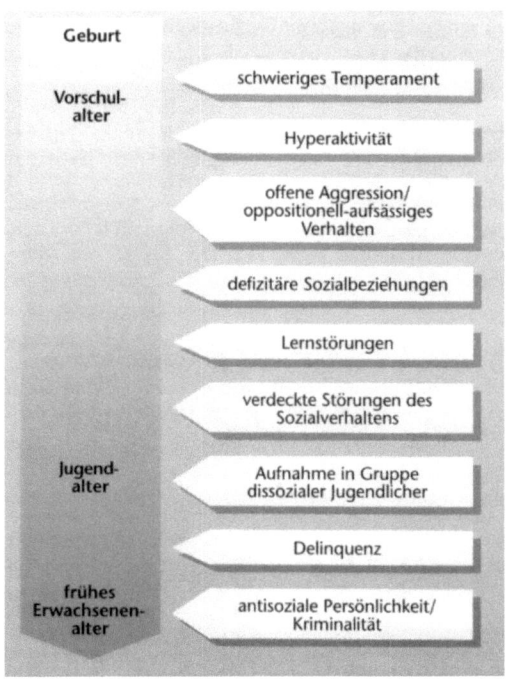

Abbildung 2: Entwicklungsmodell der Störung des Sozialverhaltens
(Quelle: Steinhausen 2002 S. 212 in Orientierung an Loeber 1990)

Abbildung 2 zeigt mögliche Tendenzen des Verlaufs einer Störung des Sozialverhaltens. Dabei kann die individuelle Variation sehr unterschiedlich ausfallen (Boumann 2008 S. 33f.).

Unter den Symptomen der Störung des Sozialverhaltens zeigt die Aggressivität die geringste Neigung zu einer Rückbildung. Ein ausgeprägtes, aggressives und gewalttätiges Verhalten zeigt sich schon ab dem 5. Lebensjahr (Steinhausen 2000 S. 232). Wenn sich ein Problemverhalten einmal verfestigt hat, zeigt es sich stabil und lässt sich nur noch schwer beeinflussen (Fröhlich-Gildhoff & Abler 2006 S. 215).

Die Betrachtung der Geschlechter, zeigen sich deutliche Unterschiede auf (s. **Tabelle 1**). Nicht nur in Bezug auf die Auftretenshäufigkeit finden sich Varianzen, sondern auch darin, wie sich das Verhalten äußert. Mädchen zeigen mehr oppositionelles Trotzverhalten, Jungen hingegen mehr aggressive und dissoziale Verhaltensweisen (Boumann 2008 S. 33f.). Dies steht in einem Zusammenhang mit dem Auftretensbeginn. Entwickelt sich die Störung im Jugendalter, zeigt sie sich oftmals weniger schwerwiegend, als wenn sie schon in der frühen Kindheit auftritt. Ein früher Beginn der Störung des Sozialverhaltens betrifft häufiger Jungen (Klicpera & Gasteiger-Klicpera 2007 S. 142).

Bei den „engl. early starters" zeigt sich die Störung bei etwa der Hälfte der Fälle relativ stabil (Lösel et al. 2006 S. 127 zit. n. Frick & Lonely 1999, Lipsey & Derzon 1998 Moffitt 1993). Es handelt sich oftmals um Intensivtäter. Später sind diese Jugendlichen für einen Großteil der „klassischen Kriminalität" verantwortlich (Lösel 2008 S. 3 zit. n. Loeber, Farrington & Waschbusch 1998). Ein früher Störungsbeginn lässt hier in der Regel auch für die anderen psychosozialen Probleme im Erwachsenenalter schlechte Prognosen erwarten (Lösel 2008 S. 3 zit. n. Robins & Price 1991).

Bei ungünstigem Störungsverlauf kommt es zu einem Auftreten weiterer Komorbiditäten und erhöht die Wahrscheinlichkeit im Erwachsenenalter eine dissoziale Persönlichkeitsstörung zu entwickeln steigt (Blanz 2002 S. 202; Boumann 2008 S. 34). Ebenso ist eine hohe Anzahl sowie eine schwere Ausprägung der Symptome als ungünstig zu beurteilen (Blanz 2002 S. 202; Boumann 2008 S. 34).

Ein negativer Störungsverlauf ist mit einem hohen Behandlungsbedarf verbunden, der sich schwierig und auch langwierig gestaltet (Blanz 2002 S. 208). Ferner bringt die Behandlung der Störung des Sozialverhaltens erhebliche Kosten mit sich, besonders bei der Unterbringung der Betroffenen in stationären Einrichtungen, Heimen, Gefängnissen oder auch Kliniken (Lösel et al. 2006 S. 128). Dies kann pro Fall durchaus Kosten in Millionenhöhe verursachen (Lösel et al. 2010a S. 39 zit. n. Muñoz, Hutchings, Edwards, Hounsome, O´Céilleachair 2004, Forster, Prinz, Sander, Shapiro 2008). Daher ist eine wirksame Prävention unter dem Aspekt des Kosten-/Nutzen-Gesichtspunktes wichtig (Lösel et al. 2010a S. 40).

Die Verhaltensauffälligkeiten verändern sich nicht, wenn nicht frühzeitig professionelle Interventionen stattfinden (Rönnau-Böse & Fröhlich-Gildhoff 2010 S. 26 zit. n. Krahè 2001, Essau & Conradt 2004). „Alles spricht dafür, frühzeitig die Risiken für Fehlentwicklungen zu vermindern" (Lösel et al. 2006 S. 128).

Ätiologie

Die Prävalenzrate und der Verlauf bzw. die Stabilität der Störung des Sozialverhaltens führen zu der Frage, welche Ursachen und Wirkmechanismen den Entstehungsbedingungen zu Grunde liegen. Diese Ursachen genauer zu untersuchen ist nicht nur für eine Klärung ihrer Entstehungsgeschichte von Bedeutung, sondern vor allem im Hinblick auf die Gestaltung von Präventions- und Interventionsmaßnahmen. Eine Kenntnis der Ursachen-Wirkungs-Zusammenhänge ist somit eine Voraussetzung für fundierte Entscheidungen über den Einsatz von Präventionsmaßnahmen. Des Weiteren sind die Maßnahmen umso wirksamer, je mehr theoretisches Hintergrundwissen über die Einflussfaktoren der erwünschten und unerwünschten Verhaltensweisen in die Konzeption von Präventionsmaßnahmen mit einfließen (Beelmann & Raabe 2007 S. 47). In der Literatur finden sich verschiedene theoretische, empirische und konzeptionelle Veröffentlichungen, welche sich mit der Identifikation von Risiko- und Schutzfaktoren beschäftigen (Beelmann & Raabe 2007 S. 48 zit. n. Ciccetti & Cohen 2006a, Petermann & Scheithauer 1998, Oerter, von Hagen, Röper & Noam 1999, Sameroff, Lewis & Miller 2000, Silbereisen & Pinquart 2006).

Ein sehr wichtiger Aspekt ist die Betrachtung von verschiedenen Einflussfaktoren (Baierl 2010 S.334). Damit ist eine interdisziplinäre Ausrichtung – psychologisch, biologisch, medizinisch, sozialwissenschaftlich, sowie eine Betrachtung von unterschiedlichen Ebenen der Funktion; von neurologischer Aktivität über individuelle Regulation bis hin zu gesellschaftlichen Prozessen gemeint. Weiter ist eine differenzierte Betrachtung des Funktionsbereichs des Individuums erforderlich (neurologisch, psychologisch, kognitiv emotional, behavioural). Über dynamische Anpassungs- und Entwicklungsprozesse ist ferner die Person selbst als aktiver Mitgestalter ihrer Umwelt zu betrachten (Beelmann & Raabe 2007 S. 48 zit. n. Ciccetti 2006).

Vor diesem Hintergrund ist die Betrachtung von einzelnen Einflussfaktoren nur aus der theoretischen Perspektive sinnvoll. Ein komplexes Zusammenspiel bleibt jedoch stets übergeordnet (Beelmann & Raabe 2007 S. 48).

Risiko- und Schutzfaktoren

Dieses Kapitel beginnt mit dem Hinweis, dass in der später vertieften Resilienzforschung viele Komponenten des Risiko- und Schutzfaktorenkonzepts detailliert dargestellt werden. Im Folgenden werden vor allem Risiko- und Schutzfaktoren, welche einer Störung des Sozialverhaltens zu Grunde liegen beleuchtet.

Tabelle 2 benennt Faktoren, die das Risiko an einer Störung des Sozialverhaltens zu erkranken erhöhen und Schutzfaktoren, die davor schützen. In Interaktion mit anderen Risikofaktoren schwächen sie den Einfluss der Schutzfaktoren ab oder sie verhindern bereits das Auftreten von Risikofaktoren. Die Faktoren beeinflussen sich gegenseitig und sind daher nicht unabhängig voneinander zu betrachten. Sie unterliegen verschiedenen Wirkmechanismen (Baierl 2010 S. 334).

Folgende Tabelle von Steinhausen (2002) nimmt eine Gegenüberstellung von Risiko- und Schutzfaktoren vor, die in einem Zusammenhang mit der Entstehung der Störung des Sozialverhaltens stehen.

	Individuum	Familie	Soziale Umwelt	Gesellschaft
Risikofaktoren	Genetische, neurophysiologische und neurochemische Faktoren Prä- und perinatale Risikofaktoren Schwieriges Temperament Männliches Geschlecht Belastende Lebensereignisse Zeuge von Gewalt Drogenmissbrauch Lernstörungen Niedriges Selbstbewusstsein	Disharmonie der Partner Trennung/Scheidung Vernachlässigung/ Misshandlung Dysfunktionale Erziehung Mangelnde Problemlösungsfertigkeit-en und Kommunikation Psychische Störungen, speziell Alkohol- und Drogenmissbrauch Kriminalität einschließlich dulden von Delinquenz Ökonomische Belastungen Familiengröße/dichte Geburtenfolge	Wohndichte und -qualität Mangel an sozialen Diensten Soziale Desintegration Schlechte Schulen/ niedriges Bildungsangebot Dissoziale Freunde/ Jugendbanden Hohe Kriminalitätsbelastung Verfügbarkeit von Drogen	Ökonomische Strukturveränderungen Arbeitslosigkeit Armut Reduzierte Sozialhaushalte Ghettoisierung Unkritische Gewaltdarstellung in den elektronischen Medien Kulturelle Begünstigung von Gewalt
Schutzfaktoren	Autonomie Soziale Kompetenz Problemlösungsfertigkeiten Reflexivität / Impulskontrolle Anpassungsfähigkeit Selbstwert Intelligenz Sensibilität/ Empathie Altruismus Höheres Bildungsniveau	Stabile Partnerschaft Fürsorge und Unterstützung Emotionale Zuwendung und Disziplin Belastbarkeit und positive Kommunikation Hohe Erwartungen Stabile finanzielle Verhältnisse Familiengröße < 4 Personen Genügend Wohnraum	Versorgung und Unterstützung Dichtes Netz sozialer Dienste und Angebote Soziale Integration/ Bürgerbeteiligung Hohe Erwartungen Niedrige Kriminalitätsbeteiligung Fehlender Drogenhandel	Versorgung und Unterstützung Ökonomische Sicherheit Soziale Integration/ Bürgerbeteiligung Wirksame Sozialpolitik Strikte Gesetzesanwendung Vermittlung von Gewaltlosigkeit (Medien)

Tabelle 2: Risiko- und Schutzfaktoren

(Quelle: Steinhausen 2002 S. 214)

Steinhausen (2002) benennt hier im Wesentlichen diejenigen Faktoren, die empirisch gut erforscht worden sind. Auch andere AutorInnen behandeln die Risiko- und Schutzfaktoren (z. B. Baierl 2010; Boumann 2008; Beelmann & Raabe 2007). Sie ergänzen sich im Wesentlichen mit den eben aufgeführten (s. Tabelle 2).

Bei der Prävention geht es in erster Linie darum, die kausal wirksamen Risikofaktoren zu reduzieren und die Schutzfaktoren zu stärken (Lösel 2008 S. 3 zit. n. D`Farringrton & Welsh 2007).

Auslösende und aufrechterhaltende Faktoren

Die auslösenden Bedingungen spielen besonders in der Entstehungsgeschichte der Störung des Sozialverhaltens eine wichtige Rolle (Baving 2006 S. 48). Die aufrechterhaltenden Bedingungen können laut aktuellen Untersuchungen zum Überdauern einer Störung beitragen. Jedoch nur dann, wenn diese für die Ursache auch von Bedeutung waren (Baving 2006 S. 49f.). In Anlehnung an Baving (2006), werden im Folgenden störungsspezifische auslösende und aufrechterhaltende Rahmenbedingungen vertieft. Bei den genannten Faktoren sind kausale und funktionale Zusammenhänge zwischen dem systemischen Kontext und der Störung des Sozialverhaltens entschlüsselt (S. 49f.).

Elterliches Erziehungsverhalten

Wie zeigen sich die elterlichen Anforderungen? Stimmen die Vorstellungen der elterlichen Erwartungen mit den Eigenschaften des Kindes überein? Wird das Kind über- oder unterfordert?

Es stellt sich die Frage nach mangelnden Strukturen in der Erziehung. Gewart man dem Kind seine Verhaltensweisen? Zeigen sich ungenügende und inkonsistente Handhabungen bei Absprachen und Regeln?

Auf welche Art und Weise werden Aufträge erteilt?

Wie gestaltet sich die Art der Grenzsetzung?

Kommt es zu willkürlichen Reaktionen und Sanktionen auf Seiten der Eltern, die für das Kind unvorhersehbar sind?

Wie geht die Familie mit Belohnungen um? Sind sie sozial oder materiell und werden darüber hinaus versprochene Belohnungen auch umgesetzt?

Wie wird ein Kind bestraft – mild oder direkt in Verbindung mit seinem Fehlverhalten anhand verständlicher und an der Sache orientierter Erklärungen? In vielen Fällen zeigt sich das Verhalten der Eltern oftmals von Ärger geleitet, auch einhergehend mit harten Bestrafungen.

Ist ein Verständnis über die Verhältnismäßigkeit von Belohnung und Bestrafung ersichtlich? In manchen Fällen ist sogar eine Bestrafung von sozial erwünschtem Verhalten beobachtbar.

Ist die Interaktion zwischen den Eltern und dem Kind koersiv geprägt, so dass es zu einer Verstärkung der Non-Compliance beim Kind kommt?

Wie gehen Eltern mit dem aggressiven Verhalten ihrer Kinder um?

Wie zeigt sich eine positive Beziehungsgestaltung? Bekommen Kinder genügend Aufmerksamkeit, interessieren sich Eltern für ihre Kinder und erfahren diese ihre Unterstützung? Führt eine Familie gemeinsame Aktivitäten durch?

Wird ein Kind kontrolliert oder betreut? Haben Eltern einen Überblick über die Tagesgestaltung ihrer Kinder? Wissen Eltern welche Aktivitäten ihre Kinder ausüben und welche Beziehungen sie eingehen?

Ist der Erziehungsstil der Eltern dysfunktional, was sich als Folge von mangelnden Konzepten oder einer Überforderung zeigt?

Intrafamiliäre Beziehungen

Wie zeigt sich die intrafamiliäre Kommunikation? Inadäquat oder sogar verzerrt? Welche Strategien werden im Umgang mit interpersonellen Konflikten angewendet?

Ist die Eltern-Kind-Beziehung von einem Mangel an Wärme geprägt?

Nimmt das Kind eine „Sündenbockposition" ein? Wird es feindlich abgelehnt und zurückgewiesen?

Werden Kinder oder auch andere Familienmitglieder körperlich und/oder auch sexuell misshandelt (Lernen am Modell, Viktimisierung)?

Herrscht bei den erwachsenen Mitgliedern der Familie eine Disharmonie? Oder verändern sich durch neue Familienmitglieder die intrafamiliären Beziehungen negativ?

Psychische Störungen, abweichende Verhalten oder Behinderung in der Familie

Liegt auf Seiten eines Elternteils, eine psychische Störung, Behinderungen oder andere abweichende Verhaltensweisen vor?

Entsteht durch die Beeinträchtigung der Eltern ein Nachteil im Erziehungsverhalten oder gibt es auch andere soziale Begrenzungen für das Kind?

Gebrauchen die Eltern psychotrope Substanzen wie Alkohol, Medikamente oder illegale Drogen? Wie äußert sich die Einstellung der Eltern gegenüber dem Gebrauch von psychotropen Substanzen bei ihrem Kind?

Zeigen die Eltern ein Risikoverhalten oder ein hohes Ausmaß an Impulsivität?

Besteht innerhalb der Familie aggressives, dissoziales und delinquentes Verhalten (evt. Verurteilungen)?

Haben die Geschwister eine Behinderung und ein dadurch abweichendes Verhalten?

Psychosoziale Bedingungen

Was für eine schulische und berufliche Ausbildung haben die Eltern? Sind sie berufstätig? Über welches Einkommen verfügen sie?

Wie sind die familiären Belastungen (z. B. Schulden, Arbeitslosigkeit, häufiger Wohnungswechsel, Krankheit)? Über welche Ressourcen verfügt eine Familie (soziale Unterstützung und Entlastung durch Dritte, soziale Integration)?

Liegt eine abweichende Elternsituation vor, wie z. B. ein allein erziehender Elternteil, oder wechselnde Eltern? Was erfährt man über die Zusammensetzung und Vorgeschichte der Familie?

Wie gestaltet sich die Erziehung in einer Institution?

Gehört die Familie einer Randgruppe mit eigenen Wertenormen an?

Zeigen sich Armut, soziale Verpflanzung, Migration, Diskriminierung, unzureichende Lebensbedingungen, oder psychosozial gefährdete Lebensbedingungen?

Belastende Lebensereignisse

Kam es zu einem Verlust einer liebevollen Beziehung?

Sind Ereignisse vorgefallen, die zu einer Herabsetzung der eigenen Selbstachtung führten?

Wird das Kind durch Gleichaltrige zurückgewiesen und/oder viktimisiert?

Verfügt das Kind oder der Jugendliche über eine „Sündenbockposition" (durch LehrerInnen oder AusbilderInnen)?

Gab es sexuellen Missbrauch außerhalb der Familie?

(Baving 2006 S. 49f.)

Die entsprechenden Problembereiche werden durch die voran gegangene Aufführung ersichtlich. Darüber hinaus geben sie Hinweise für die Planung von Therapiemaßnahmen und die Konzipierung von Präventionsmaßnahmen (Baving 2006 S. 50).

Ätiologiemodelle

Die Klärung der Ursachen und Wirkmechanismen der Entstehungsbedingungen der Störung des Sozialverhaltens wird über eine Darstellung von Ätiologiemodelle gerecht werden (Beelmann & Raabe 2007 S. 48 zit. n. Lerner & Damon 1998).

Vorweg sollen folgende „Kernaussagen" von Beelmann und Raabe (2007), über Entwicklungsbedingungen von dissozialem Verhalten zusammengefasst werden. Es handelt sich um „stabile" Aussagen deren Zusammenhänge wissenschaftlich widerlegt wurden:

Bei den biologischen Risikofaktoren ist erkennbar, dass sich die Basis für dissoziale Entwicklungsprobleme bereits im frühen Lebenslauf (schon während der Schwangerschaft, Geburt oder dem Kleinkindalter) zeigt.

Die biologischen Merkmale und die psychologischen Prozesse stehen in einem engen Zusammenhang. Sie beeinflussen sich gegenseitig und bestimmen darüber hinaus auch die Art und Weise, wie das Kind seine Umwelt wahrnimmt, wie es handelt und wie es den Bedingungen des sozialen Kontextes begegnet.

Beziehungen und soziale Interaktionen (besonders im familiären Rahmen), die sich aversiv zeigen, stehen in Interaktion mit biologischen und psychologischen Bedingungen. Ferner tragen sie zu einer Verschlechterung der psychopathologischen Entwicklung bei.

Das elterliche Erziehungsverhalten ist ein entschiedener Faktor, der entweder unterschiedliche Risikofaktoren abschwächen kann oder sie im schlechtesten Fall verstärkt. Bei Kindern, die Problemverhaltensweisen aufzeigen, sind die Eltern oft überfordert. Auf der einen Seite kann das negative Verhalten der Kinder eine negative Reaktion der Eltern hervorrufen, auf der anderen Seite weisen Eltern von dissozialen Kindern häufig selbst problematische Vergangenheiten auf. Daher sind sie auch eher dazu bereit, aversive Erziehungspraktiken anzuwenden.

Einen enormen Einfluss auf die Entwicklung von dissozialem Verhalten fördert die Ablehnung von Peers im Jugendalter. Folgen davon sind Kontakte mit devianten Gleichaltrigen, die sich negativ gestalten. Mit zunehmendem Alter vermögen Jugendliche immer selbstständiger, ihre Entwicklung aktiv zu gestalten. Die Wahl des Freundeskreises ist daher nicht unabhängig von den Zielen und Merkmalen des Individuums, die sich aus den genetischen Bedingungen und den sozialen Vorerfahrungen ergeben.

Ein weiterer Zusammenhang ergibt sich aus dem Freizeitkontext, der Nachbarschaft und der medialen Umgebung, in der ein Kind oder Jugendlicher mit dissozialen Verhaltensweisen aufwächst. In diesem Kontext ergibt sich auch mehr oder weniger die Gelegenheit, dissoziale Verhaltensweisen zu erlernen und auszuführen.

(Beelmann & Raabe 2007 S. 110)

Die aufgeführten Faktoren spielen bei der Ursachenklärung der Entstehungsgeschichte der Störung des Sozialverhaltens eine Rolle. Man begegnet ihnen in Ätiologiemodellen von verschiedenen AutorInnen wieder.

Im Folgenden werden drei Modelle vorgestellt: Das *Bio-psycho-soziale Entwicklungsmodell dissozialen Verhaltens,* das *Entwicklungsmodell von Verhaltensstörungen und Substanzmissbrauch* und das *Ursachenmodell der Störung des Sozialverhaltens.*

„Bio-psycho-soziales Entwicklungsmodell dissozialen Verhaltens"

Im Folgenden wird das Bio-psycho-soziale Entwicklungsmodell dissozialen Verhaltens von Beelmann (2007) aufgezeigt:

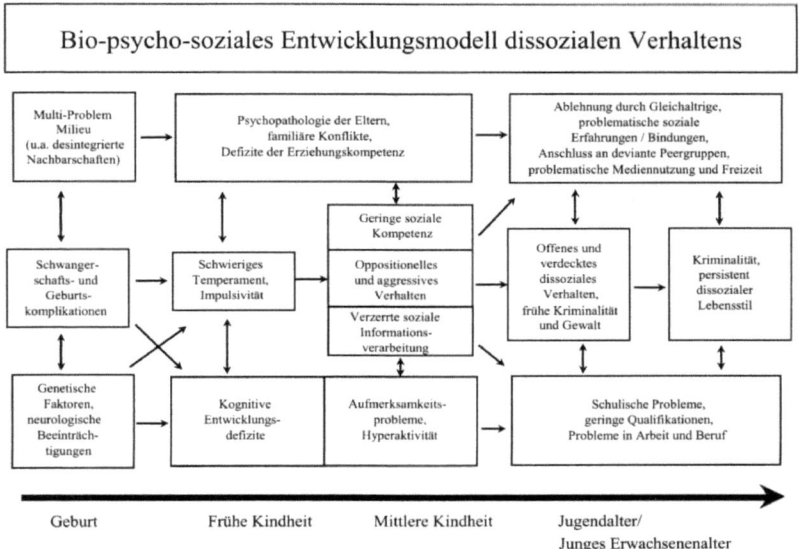

Abbildung 3: Bio-psycho-soziales Entwicklungsmodell dissozialen Verhaltens

(Quelle Beelmann & Raabe 2007 S. 111 modifiziert nach Lösel & Bender 2003 und Beelmann 2000)

Das kumulative Entwicklungsmodell dissozialen Verhaltens (s. **Abbildung 3**) fasst biologische, psychologische und soziale Risikofaktoren unter Berücksichtigung der Entwicklung zusammen. Hier werden komplexe Wirkungszusammenhänge aufgezeigt. Im Sinne der Wechselwirkungsmechanismen findet man „Kettenreaktionsmuster" (Klicpera & Gasteiger-Klicpera 2007 S. 110). Die zahlreichen Wechselwirkungs-mechanismen zwischen den Faktoren geben gerechtfertigte Erklärungsansätze der Störungsentwicklung wieder.

„Entwicklungsmodell von Verhaltensstörungen und Substanzmissbrauch"

Im Folgenden wird ein Entwicklungsmodell von Verhaltensstörungen und Substanzmissbrauch nach Webster-Stratton & Taylor (2001) dargestellt.

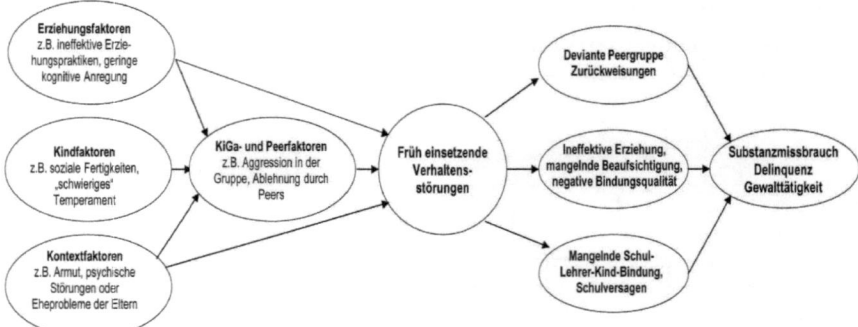

Abbildung 4: Entwicklungsmodell von Verhaltensstörungen und Substanzmissbrauch

(Quelle: Mayer, Heim & Scheithauer 2007 S. 3 zit. n. Webster-Stratton & Taylor 2001 S. 166f. aus Scheithauer, Petermann, Meyer & Hayer 2004)

Aus diesem Entwicklungsmodell (s. **Abbildung 4**), geht hervor, dass sich Risikofaktoren in der Entwicklung schon früh manifestieren können. Nach diesem Modell wird eine Verhaltensstörung oder ein Substanzmissbrauch durch drei Einflussbereiche bedingt: Erziehungsfaktoren, Kindfaktoren und Kontextfaktoren. Wenn einer dieser Bereiche Risikofaktoren aufweist, ist die Wahrscheinlichkeit eine Verhaltensstörung schon früh zu entwickeln, erhöht. Weiter zeigt sich, dass es bei den Kindfaktoren zu Wechselwirkungsprozessen zwischen anderen Kindern im Kindergarten kommen kann. Wenn eine Verhaltensstörung früh auftritt, zeigt sich die weitere Entwicklung erschwert. Dies kann zu weiteren Risikokonstellationen führen. Z. B. ein Anschluss an eine deviante Peergruppe, ineffektives Erziehungsverhalten der Eltern, eine negative Bindungsqualität zu den Eltern und/oder schlechte Erfahrungen im schulischen Kontext. Am Ende der Kette steht Substanzmissbrauch, Delinquenz und/oder Gewalttätigkeit.

„Ursachenmodell der Störung des Sozialverhalten"

Folgende Abbildung zeigt das Ursachenmodell für die Störung des Sozialverhaltens von Steinhausen (2002):

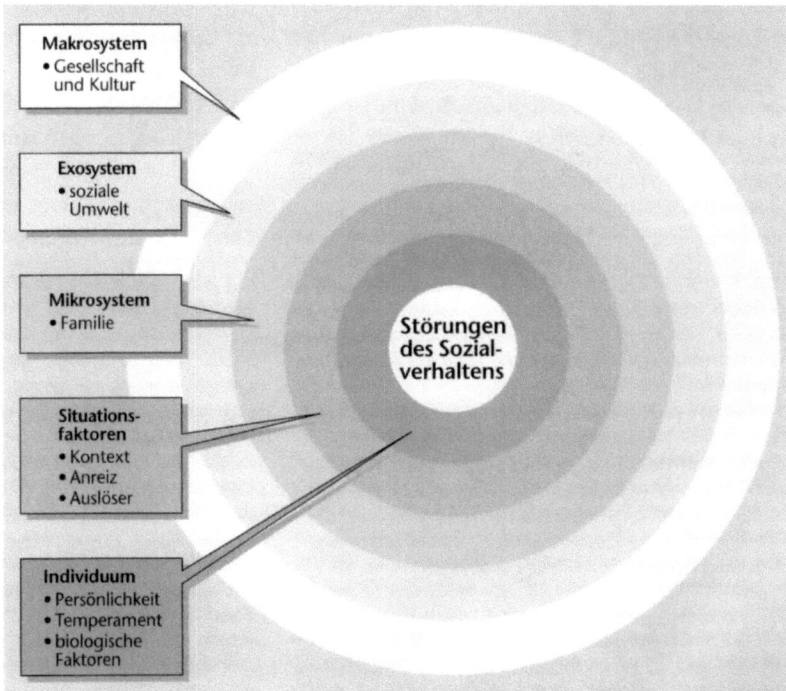

Abbildung 5: Ursachenmodell für Störungen des Sozialverhaltens

(Quelle: Steinhausen 2002 S. 213)

Abbildung 5 zeigt eine breite Betrachtungsweise der Ursachen der Störung des Sozialverhaltens, da auch die Gesellschaft und die Kultur mit einbezogen werden (Steinhausen 2002 S. 213).

Das *Bio-psycho-soziale Entwicklungsmodell dissozialen Verhaltens* (**Abbildung 3**) und das *Entwicklungsmodell von Verhaltensstörungen und Substanzmissbrauch* (**Abbildung 4**) thematisieren die Entstehungsbedingungen im Entwicklungsprozess. Das *Ursachenmodell der Störung des Sozialverhaltens*

(**Abbildung 5**) hingegen legt den Fokus mehr auf die ursächlichen Bedingungen. Alle drei Modelle geben Anregungen für Präventionsmaßnahmen.

Im Ganzen zeigt sich, dass die Störung des Sozialverhaltens multifaktoriell bedingt ist (Lösel et al. 2006 S. 128). Eine Vielzahl von Faktoren konnte aufgezeigt werden, die auf die Entstehung der Störung des Sozialverhaltens einwirken (so auch Lösel 2008 S. 3 zit. n. Lösel & Bender 2003). Ebenso konnten zahlreiche kausale Wirkzusammenhänge entschlüsselt werden. Aus diesem Grund können auch die Maßnahmen zur Prävention an unterschiedlichen Stellen ansetzten. „Z. B. in der Schwangerschaft, an der elterlichen Erziehung, an den sozialen Kompetenzen des Kindes, am Schulklima, in der Freizeitgestaltung, in der Gemeinde, oder multimodal in verschiedenen Bereichen" (Lösel et al. 2006 S. 128). Konkrete Ansatzpunkte werden im späteren Verlauf der Arbeit thematisiert.

Grundlagen der Resilienz

In diesem Kapitel geht es um folgende Grundlagen der Resilienz: Beleuchtung der Terminologie, Exkurs zur Salutogenese, Skizze der Entwicklung des Forschungszweigs und die Charakteristika des Resilienzkonzepts. Anschließend wird das mit der Resilienzforschung zentral verbundene Konzept der Risiko- und Schutzfaktoren dargestellt. Die Resilienzfaktoren – die personalen Ressourcen des Kindes – bilden den Abschluss dieses Kapitels.

Definition und Merkmale

Der Begriff Resilienz leitet sich vom Englischen Wort „resilience" ab und bedeutet übersetzt „Spannkraft, Widerstandskraft und Elastizität" (Fröhlich-Gildhoff & Rönnau-Böse 2009 S. 9). Ursprünglich stammt er aus der Baukunde und beschreibt die Biegsamkeit von Materialien (Leuzinger-Bohleber 2009 S. 18). Die Wissenschaften, die dem Resilienzansatz heute zu Grunde liegen, sind die Entwicklungspsychopathologie, die Entwicklungspsychologie, die Bindungsforschung und die Lernforschung (Fröhlich-Gildhoff, Dörner & Rönnau 2007 S. 5) In der zugehörigen Fachliteratur wird Resilienz mit unterschiedlichen inhaltlichen Gewichtungen definiert. Eine Definition von Wustmann (2009) lautet:

> „Resilienz meint eine psychische Widerstandsfähigkeit von Kindern gegenüber biologischen, psychologischen und psychosozialen Entwicklungsrisiken" (Wustmann 2009 S. 18).

Diese Definition orientiert sich am biopsychosozialen Modell und betont die externalen und internalen Kriterien von Resilienz. Eine andere Definition wurde von Lösel & Bender (1998) vorgenommen und lautet wie folgt:

> „**Resilienzen** sind bereichsspezifische Ressourcen, die durch die Interaktion mit der Umwelt erworben worden sind. Allgemein versteht man unter Resilienz die Fähigkeit, erlernte Mechanismen zur Bewältigung alterstypischer Aufgaben trotz schwieriger Umstände zu aktivieren. Dies ermöglicht eine relativ gesunde Entwicklung auch unter belastenden und risikoreichen Bedingungen" (Petermann & Schmidt 2006 S. 119 zit. n. Bender; Lösel, 1998).

In dieser Definition finden sich die drei Charakteristika des Resilienzkonzepts wieder. Über die Definition von Lösel & Bender (1998) hinaus wird Resilienz von Schneider & Pickart (2004) als eine Fähigkeit beschrieben, Schutz und Kompensationsfaktoren einsetzen zu können (Petermann & Schmidt 2006

S. 121 zit. n. Schneider & Pickart). Darüber hinaus besteht die Annahme aus entsprechenden widrigen Situationen gestärkt und widerstandsfähig hervor zu gehen (Zander 2009b S. 12). Als Synonym zur Resilienz finden sich die Begriffe „Psychische Elastizität, psychische Robustheit, psychische Widerstandskraft/-fähigkeit, Stressresistenz oder Invulnerabilität" (Elle, Elkeles & Scharnhorst 2010 S. 6).

Resilienz ist immer an zwei Bedingungen gebunden:

„• Es besteht eine Risikosituation

• Die Risikosituation wird von der Person positiv bewältigt"

(Rönnau-Böse & Fröhlich-Gildhoff 2010 S. 11).

Resilienz ist ein optimistisches Konzept, das davon ausgeht, dass jedes Individuum im Laufe seines Lebens Schutzfaktoren erwerben kann, welche ihm trotz erschwerter Lebensbedingungen eine normale Entwicklung ermöglichen.

„Es sind keine außergewöhnlichen, magischen Fähigkeiten, über die resiliente Kinder und Jugendliche verfügen. Was sie kennzeichnet, sind eigentlich normale menschliche Eigenschaften, wie die Fähigkeit positiv und konstruktiv zu denken, zu lachen, zu hoffen, dem Leben einen Sinn geben, aktiv zu handeln, um Hilfe zu bitten oder Beziehungen zu anderen Menschen zu suchen, die für eine angepasste, psychisch gesunde Entwicklung förderlich sind und die ihnen eine enorme Kraft verleihen, auch unter widrigen Lebensumständen zu ‚funktionieren'" (Wustmann 2009 S. 151 zit. n. Masten 2001b).

Das bedeutet, dass eine positive Kindesentwicklung nicht an sich als Resilienz beurteilt werden kann, hingegen kann von Resilienz gesprochen werden, wenn ein Kind eine Bewältigungsleistung bei Widerständen vollbringt (Wustmann 2009 S. 18 zit. n. Göpel 2000; Glantz & Sloboda 1999), verglichen mit den Kindern, die bei gleicher Risikobelastung psychische Probleme zeigen (Wustmann 2009 S. 18 zit. n. Lauch, Schmidt & Esser 2000).

Die zentralen Fragen der Resilienzforschung lauten daher: Was macht diese Kinder stark? Welche schützenden Bedingungen leisten einen Beitrag für eine solch positive Entwicklung? Was hält sie gesund? Was gibt Ihnen die Kraft, nicht nur zu überleben, sondern gestärkt aus den Risikobedingungen hervor zu gehen? (Wustmann 2009 S. 14).

Gegenstände der Resilienzforschung sind:

„1. Phänomene der bio-psycho-sozialen Gesundheit trotz hohen Störungsrisikos
[...]

2. die Aufrechterhaltung von Kompetenz unter aktuellen Belastungen [...]

3. die Erholung von Traumata [...]"

(Lösel & Bender 1998 S. 54 zit. n. Masten, Best & Garmezy 1990).

Exkurs: Antonovskys Modell der Salutogenese

Die *Salutogenese* wurde in den siebziger Jahren von Aron Antonovsky entwickelt und beschrieben. Sie beschäftigt sich mit den Bedingungen von Gesundheit und mit denjenigen Faktoren, die schützen und erhalten. Die Kernfrage der Salutogenese lautet „Was erhält gesund?" (Grabert 2009 S. 16 zit. n. Antonovsky 1997).

Die *Pathogenese* ist das Gegenstück zur Salutogenese. Sie beschäftigt sich mit der Frage nach der Vulnerabilität. Sie arbeitet defizitorientiert und untersucht die Ursachen für die Entstehung von Entwicklungsproblemen, Verhaltensauffälligkeiten, Krankheiten und deren Chronifizierung. Ferner richtet sie ihren Blick auf die gesundheitlichen Risikofaktoren und beschäftigt sich mit der Kernfrage „Was macht krank?" (Grabert 2009 S. 9f.; Bengel, Meinders-Lücking & Rottmann 2009 S. 10).

Der Unterschied zwischen dem Modell der Salutogenese und demjenigen der Resilienz liegt darin, dass die Salutogenese sich der Frage nach den Schutzfaktoren zur Erhaltung von Gesundheit zuwendet. Der Ansatz der Resilienzforschung widmet sich hingegen mehr dem Interesse des Prozesses, wie sich eine positive Anpassung und Bewältigung in der Entwicklung vollzieht (Fröhlich-Gildhoff & Rönnau-Böse 2009 S. 14). Der Resilienzansatz ist darüber hinaus stärker methodenorientiert (Bengel, Meinders-Lücking & Rottmann 2009 S. 10ff.).

Modelle mit salutogenetischem Ansatz

Neben dem Konzept der Resilienz gibt es noch weitere Modelle mit einem salutogenetischen Bezug. Auf das Konzept „Sense of Coherence" von Antonovsky (1987) (Faltermaier & von Salisch 2005 S. 164-169; Grabert 2009 S. 23-36) und das Konzept „Hardiness" von Kobasa (1982) (Knoll, Scholz & Rieckmann 2005 S. 138f.) wird im Folgenden eingegangen.

Das Konzept „Sense of Coherence"

Das Kohärenzgefühl ist das Kernstück der Salutogenese (Elle, Elkeles & Scharnhorst 2010 S.7). Das Konzept „Sense of Coherence" ist im deutschsprachigen Raum unter dem Begriff Kohärenzsinn geläufig. Die Salutogenese verwendet den Fluss als Metapher für den „Strom des Lebens". Ziel ist in dem „Fluss voller Gefahren" ein „guter Schwimmer" zu werden. Dies entspricht der individuellen Fähigkeit, sich an veränderte Gegebenheiten anzupassen und trotz vorhandener Stressoren gesund zu bleiben. Die Position eines Menschen auf seinem Gesundheitskontinuum, hängt nach Antonovsky von zwei entscheidenden Größen ab: von den vorhandenen Widerstandsressourcen und dem Kohärenzgefühl (Faltermaier & von Salisch 2005 S. 164).

> „Mit dem Kohärenzgefühl ist die tiefe Überzeugung eines Menschen gemeint, dass das Leben trotz vieler Belastungen, Risiken und Unabwägbarkeiten doch im Prinzip zu verstehen ist, überwiegend Sinn macht und die auf ihn zukommenden Probleme zu bewältigen sind" (Faltermaier & von Salisch 2005 S. 164).

Das Kohärenzgefühl als beständiges Grundvertrauen beinhaltet folgende drei Komponenten:

das Gefühl der Verstehbarkeit

das Gefühl der Handhabbarkeit

das Gefühl der Sinnhaftigkeit

(Grabert 2009 S. 26ff.).

Ergebnisse verschiedener Studien zeigen, dass Personen mit einem hohen Kohärenzgefühl über ein höheres subjektives Wohlbefinden und über eine bessere körperliche Gesundheit verfügen. Sie sind im Alltag weniger beeinträchtigt und zeigen in belastenden Situationen ein günstigeres Bewältigungsverhalten (Grabert 2009 S. 34f.).

Das Konzept „Hardiness"

Kobasa (1982) untersucht extrem gestresste Personen, die eine niedrige Inzidenzrate von Krankheiten aufweisen. Der Begriff *Hardiness* steht für ein Muster von Kognitionen, welche für diese Personen gekennzeichnet sind (Knoll, Scholz & Rieckmann 2005 S. 138 zit. n. Kobasa 1982).

Glaube an Kontrolle über die eigene Lebenssituation („control")

Diese Personen haben das Gefühl, ihr Leben zu überschauen und kontrollieren zu können. Sie zeigen mehr problemfokussiertes und weniger vermeidendes Bewältigungsverhalten (Knoll, Scholz & Rieckmann 2005 S. 138).

Hohes Engagement für Pläne und Handlungen („commitment")

Ein solches beschreibt das Ausmaß der inneren Verpflichtung und ist eine engagierte Grundhaltung, mit der die Entwicklung von Zielen verfolgt wird. Ziele werden hier mit persönlicher Bindung verfolgt und selbständig vorangetrieben (Knoll, Scholz & Rieckmann 2005 S. 138).

Suche nach Herausforderung in neuen Situationen („challenge")

Belastungen werden als Herausforderungen wahrgenommen und weniger stressreich, also optimistisch eingeschätzt. Beim Umgang mit sozialen Anforderungen besteht eine erhöhte Selbstsicherheit (Knoll, Scholz & Rieckmann 2005 S. 138). Es entstehen die zwei folgenden Modelle:

Stresspuffermodell

Das Stresspuffermodell versteht *Hardiness* als eine Eigenschaft, die subjektiven Stress und vermeidendes Bewältigungsverhalten vermindert. Gleichzeitig stärkt es eine problemfokussierte Bewältigung, hat aber ***keinen direkten Einfluss*** auf die Entstehung von Krankheitssymptomen (Knoll, Scholz & Rieckmann 2005 S. 138f.).

Haupteffektmodell

Das Haupteffektmodell versteht *Hardiness* als eine Eigenschaft, die subjektiven Stress und vermeidendes Bewältigungsverhalten vermindert. Gleichzeitig stärkt es eine problemfokussierte Bewältigung und hat ***einen direkten Einfluss*** auf die Krankheitssymptome (Knoll, Scholz & Rieckmann 2005 S. 138f.).

Kombination beider Modelle

Ergebnisse verschiedener Studien unterstützen beide Modelle, wobei man in der Realität von Überschneidungen ausgehen muss.

Die folgende Abbildung stellt eine Kombination aus beiden Modellen dar.

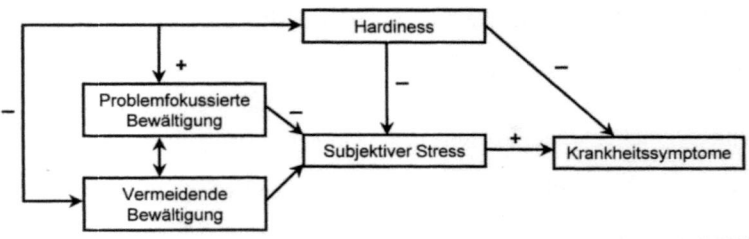

Abbildung 6: Kombination aus Haupteffektmodell und Stresspuffermodell

(Quelle: Knoll, Scholz & Rieckmann 2005 S. 139)

Hardiness vermindert subjektiven Stress und vermeidendes Bewältigungsverhalten. Es stärkt die problemfokussierte Bewältigung und hat gleichzeitig einen direkten Einfluss auf die Krankheitssymptome (Knoll, Scholz & Rieckmann 2005 S. 139 zit. n. Sonderstrom et al. 2000).

Entwicklung der Resilienzforschung

Die Resilienzforschung beschreibt von Beginn an faszinierende Lebensverläufe von Kindern, die sich trotz widriger Umstände zu gesunden Erwachsenen entwickelten. Diese Personen wurden zunächst als „Wunderkinder" und als „unbesiegbar" bezeichnet. Man sprach ihnen herausragende Fähigkeiten zu und ging davon aus, dass es sich um angeborene Fähigkeiten handeln würde. Auch beschrieb man das Fehlen von Resilienz als Charakterdefizit (Rönnau-Böse & Fröhlich-Gildhoff 2010 S. 12). Diese Auffassung entspricht jedoch keinesfalls mehr dem heutigen Verständnis von Resilienz. In den Sozial- und Humanwissenschaften vollzog sich zunehmend ein Paradigmenwechsel (Rönnau-Böse & Fröhlich-Gildhoff 2010 S. 13; Fröhlich-Gildhoff & Rönnau-Böse 2009 S. 13; Wustmann 2009 S. 26).

„• Es werden nicht nur die störungsverursachenden, sondern auch die gesundheitserhaltenden Faktoren betrachtet; ein Wechsel der Blickrichtung von der Pathogenese (Entstehung von Krankheiten) zur Salutogenese (Entstehung und Förderung von Gesundheit) hat stattgefunden.

- Nicht nur die Defizite, sondern auch die Ressourcen und Kompetenzen zur Bewältigung (von Belastungen) werden eingehend betrachtet.
- Neben den Risikofaktoren finden insbesondere die Schutzfaktoren eine besondere Betrachtung"

(Fröhlich-Gildhoff, Dörner & Rönnau 2007 S. 5).

Ende der 70er Jahre war der Paradigmenwechsel eingeläutet. Von diesem Zeitpunkt an entstand eine systematische Resilienzforschung (Rönnau-Böse & Fröhlich-Gildhoff 2010 S. 13). Die Entwicklung der Resilienzforschung wird von Bengel, Meinders-Lücking und Rottmann (2009), nach dem Vorschlag von O´Dougherty Wright und Masten (2006) in drei zentrale Phasen unterteilt. Diese ermöglichen eine Unterscheidung zwischen den verschiedenen Schwerpunkten der Resilienzforschung.

Phase: Die empirische Grundlage wird erforscht. Schlüsselkonzepte und allgemeine Schutzfaktoren werden identifiziert (Empirische Grundlage); Hier stehen die Dimensionen von Resilienz im Mittelpunkt, d. h. Forschungsgegenstand sind die Kriterien, die für die Identifikation von Schutzfaktoren eine Rolle spielen (Fröhlich-Gildhoff & Rönnau-Böse 2009 S. 14).

Phase: Die Kontextfaktoren und die Prozessorientierung sind Gegenstand (Komplexität des Konstruktes); hier werden Prozesse und Wirkmechanismen untersucht. Es geht um die Bedeutung des Kontextes (Rönnau-Böse & Fröhlich-Gildhoff 2010 S. 13f.).

Phase: Resilienzförderungsmaßnahmen werden konzipiert, – konkret Präventions- und Interventionsmaßnahmen (Bengel, Meinders-Lücking & Rottmann 2009 15ff.).

Die angeführten Kriterien von Resilienz machen einerseits deutlich, dass alle drei Phasen auf einander aufbauen, andererseits kann es aber auch differenzierte, individuelle Ausprägungen geben, die sich gegenseitig überschneiden (Bengel, Meinders-Lücking & Rottmann 2009 S. 15).

Studien der Risiko- und Resilienzforschung

Werner konnte (2006) insgesamt 19 Längsschnittstudien identifizieren, welche seit Beginn der Resilienzforschung durchgeführt wurden (in den USA, Europa, Australien und Neuseeland) (Werner 2006 S. 91).

Im Folgenden sollen die drei bekanntesten Studien vertieft werden: die Kauai-Studie von Werner und Smith (1982); die „Mannheimer Risikokinderstudie" von Laucht et al. (1996) und die „Bielefelder Invulnerabilitätsstudie von Lösel und Bender (1994).

Der Schwerpunkt aller drei Studien liegt im Bereich der Bewältigung von Risikobedingungen und deren individuellen Unterschieden in der kindlichen Entwicklung (Wustmann 2009 S. 86).

Die „Kauai- Längsschnittstudie"

Die Kauai- Studie gilt als sogenannte Pionierstudie der Resilienzforschung. Sie wurde von der Amerikanerin Emmy Werner und einer Forschungsgruppe um Ruth S. Smith durchgeführt (Fröhlich-Gildhoff & Rönnau-Böse 2009 S. 15). Veröffentlichungen hierzu gab es in den Jahren 1982, 1992, 2001; Werner 1993, 1995, 1999a, 1999b, 2000, 2001; Werner & Johnson 1999 (Wustmann 2009 S. 87). Zunächst beschäftigte sich die Studie systematisch mit Kindern, die sich trotz Risiken zu kompetenten Erwachsenen entwickelt hatten. Das wichtigste Ziel der Studie war, die Folgen von prä- und perinatalen Risikobedingungen auf lange Zeit hin zu untersuchen. Ebenso standen die Auswirkungen auf ungünstige Lebensumstände in der frühen Kindesentwicklung im Fokus (auf den Ebenen der Psyche, der Physis, der Kognition und auch der sozialen Aspekte) (Wustmann 2009 S. 87; Kipker 2008 S. 53). Konkret wurde die Frage nach den Risiko- und Schutzfaktoren, sowie auch nach den Vulnerabilitäts- und Resilienzfaktoren gestellt (Kipker 2008 S. 53).

Hierzu erfasste man den kompletten Geburtenjahrgang im Jahr 1955 auf der hawaiianischen Insel Kauai und begleitete ihn anschließend 40 Jahre lang (Fröhlich-Gildhoff & Rönnau-Böse 2009 S. 15; Kipker 2008 S. 53; Rönnau-Böse & Fröhlich-Gildhoff 2010 S. 14). Die Daten wurden zum Zeitpunkt im Geburtsalter, im 1., 2., 10., 18., 32. und 40. Lebensjahr erfasst) (Wustmann 2009 S. 87). Die Stichprobe bestand aus 698 Personen. Erfragt wurde die Lebens- und Gesundheitssituation der Probanden (Rönnau-Böse & Fröhlich-Gildhoff 2010 S. 14).

Die Erhebungsinstrumente waren Verhaltensbeobachtung und Interviews. Ebenso wurden Daten über Persönlichkeitstests und Leistungstests, Informationen von Gesundheitsdiensten und Sozialdiensten, vom Familiengericht und von Polizeibehörden hinzu gezogen (Wustmann 2009 S. 87).

Bei ca. einem Drittel der Probanden (n=201) wurde eine erhöhte Risikobelastung (z. B. chronische Armut, psychische Erkrankungen der Eltern, familiäre Disharmonie) festgestellt. Dabei waren diese Kinder schon vor ihrem zweiten

Lebensjahr mindestens vier Risikobedingungen ausgesetzt (Wustmann 2009 S. 87; Fröhlich-Gildhoff & Rönnau-Böse 2009 S. 15; Kipker 2008 S. 54).

Bei einem anderen Drittel dieser Risikogruppe konnte trotz der widrigen Umstände ein positiver Entwicklungsverlauf festgestellt werden (Fröhlich-Gildhoff & Rönnau-Böse 2009 S. 15 zit. n. Werner 2000). Auf unterschiedlichen Ebenen bildeten hier protektive Faktoren die Voraussetzungen (z. B. emotionale Bezugspersonen, stabiler Familienzusammenhalt, hohe Sozialkompetenzen und positive Selbstwirksamkeits-erwartungen). Im Erwachsenenalter zeigte diese Gruppe ein zuverlässiges, selbstsicheres und leistungsfähiges Verhalten. Bei der letzten Untersuchung der Probanden im 40. Lebensjahr stellte man eine niedrigere Todesrate, weniger chronische Krankheiten und weniger Scheidungen fest. Trotz einer ökonomischen Belastung durch einen Orkan auf der Insel, gingen diese Erwachsenen ihren Beschäftigungen nach und konnten entsprechende soziale Dienste in Anspruch nehmen. Außerdem zeigten sie eine positive Einstellung gegenüber der Zukunft. Ihre Ehen waren insgesamt stabil (Kipker 2008 S. 54; Werner 2008 S. 26; Wustmann 2009 S. 87f.). Sie zeigten sich „resilient" (Fröhlich-Gildhoff & Rönnau-Böse 2009 S. 15).

Bei den anderen zwei Dritteln dieser Gruppe mit erhöhten Risikobedingungen, fand man erhebliche Lern- und Verhaltensauffälligkeiten im Alter von 10 Jahren (z. B. mangelnde Aggressionskontrolle, Abhängigkeitsprobleme, begehen von Straftaten) (Werner 2008 S. 26; Wustmann 2009 S. 87f.).

Worin also unterscheiden sich diese Menschen von den anderen? Die Autorin der Studie beschreibt eine Reihe von Schutzfaktoren des Individuums, Schutzfaktoren innerhalb der Familien und auch im weiteren sozialen Umfeld. „Diese Schutzfaktoren bedingen sich gegenseitig und führen zu einem positiven Zusammenspiel" (Rönnau-Böse & Fröhlich-Gildhoff 2010 S. 14 zit. n. Werner 2007).

Zusammenfassend resümiert Werner (1999) ihre Studie:

> „die lebensbegünstigenden Eigenschaften der widerstandsfähigen Kinder und die Unterstützung, die sie in ihrer Familie und Gemeinde fanden, waren wie Stufen einer Wendeltreppe, die mit einem Schritt und Tritt das Kind zu einer erfolgreichen Lebensbewältigung führten. Der Lebensweg war nicht immer gradlinig, aber aufwärts gerichtet, der Endpunkt war ein leistungsfähiger und zuversichtlicher Mensch, der hoffnungsvoll in die Zukunft blickt" (Werner 2008 S. 31).

Aus den Ergebnissen der Studie lassen sich in vielerlei Hinsicht Erkenntnisse ableiten, die für die Prävention der Störung des Sozialverhaltens von Relevanz sind. Die Ergebnisse bestätigen, dass frühe Belastungen mit langfristigen Folgen auf die Kindesentwicklung wirken. In Bezug auf die Präventionspraxis lässt sich ableiten, dass der frühe Einsatz von Präventions- und Interventionsmaßnahmen von zentraler Bedeutung ist.

Eine Kritik an der Studie von Werner und Smith stellt fest, dass die Risiko- und Schutzfaktoren, sowie die Vulnerabilitäts- und Resilienzfaktoren, nicht eindeutig voneinander abzugrenzen sind (Wustmann 2009 S. 89).

Die „Mannheimer Risikokinderstudie"

Die Mannheimer Risikokinderstudie wurde von Laucht und Mitarbeitern durchgeführt. Veröffentlichungen hierzu gab es in den Jahren 1996, 1997, 1998, 1999, 2000 (Wustmann 2009 S. 89). Auch hier handelt es sich um eine prospektive Längsschnittstudie (Wustmann 2009 S. 90). Mit Fokus auf das Individuum wurden verschiedene Entwicklungsstadien, einschließlich der Familienverbindungen, erfasst. Die Daten wurden im Alter von 3 Monaten sowie im 2., 4., 5., 8. und 11. Lebensjahr erhoben (Fröhlich-Gildhoff & Rönnau-Böse 2009 S. 16; Kipker 2008 S. 58). Darüber hinaus galt das Interesse den unterschiedlichen Risikobelastungen sowie den protektiven Faktoren, welche die Belastung kompensierten (Fröhlich-Gildhoff & Rönnau-Böse 2009 S. 16).

Die Stichprobe dieser Studie umfasste 362 Kinder, die zwischen den Jahren 1986 und 1988 geboren wurden. Die Ergebnisse dieser Studie bestätigten die Ergebnisse der Kauai- Studie. Des Weiteren konnten sie verdeutlichen, welche Risiken einen Beitrag zur jeweiligen erschwerten Kindesentwicklung leisteten. Somit lag auch der Schwerpunkt dieser Studie nicht primär auf der Erforschung der Schutzfaktoren, sondern auf den hinter einer gesunden Kindesentwicklung liegenden Prozessen (Laucht, Esser & Schmidt 2008 S.74). Die Studie liefert Informationen „über Entstehungszusammenhänge und Verlaufsbedingungen von Entwicklungsstörungen im Kindesalter" sowie über zu Grunde liegende Schutzprozesse (Wustmann 2009 S. 92).

Im Hinblick auf die durch Risiko belasteten Entstehungsbedingungen der Störung des Sozialverhaltens sind die Erkenntnis der Mannheimer Risikokinderstudie von zentraler Bedeutung. Auch diese Ergebnisse bestätigen, dass frühe Belastungen mit langfristigen Folgen auf die Kindesentwicklung wirken. Somit ist ein frühes Einleiten von präventiven Maßnahmen wichtig. Einer der zentralsten Bereiche ist hier die sozial-emotionale Entwicklung des Kindes (Kipker 2008 S. 61). Daraus lassen sich Empfehlungen für Präventionsmaßnahmen, die auf den Bereich der Beziehungsebene abzielen, aussprechen.

Die „Bielefelder Invulnerabilitätsstudie"

Bei der Bielefelder Invulnerabilitätsstudie von Lösel und Mitarbeitern findet man folgende Veröffentlichungen: Lösel & Bender 1994, 1999; Lösel & Bliesener 1990, 1994; Lösel, Bliesener & Köferl 1990; Lösel, Kolip & Bender 1992; Bender & Lösel 1997, 1998; vgl. auch Göppel 2000 (Wustmann 2009 S. 92). Es handelt sich um eine Querschnitt- und eine zwei Jahre dauernde prospektive Längsschnittstudie (Lösel & Bender 1998 S. 55; Wustmann 2009 S. 92). Hier wurden die verschiedenen Entwicklungsstadien der Kinder erfasst. Das Hauptgewicht der Bielefelder Invulnerabilitätsstudie lag explizit auf der Erforschung der seelischen Widerstandskraft – der Resilienz von Kindern, die einem hohen Entwicklungsrisiko ausgesetzt waren (Fröhlich-Gildhoff & Rönnau-Böse 2009 S. 16 zit. n. Lösel et al. 1990). Untersucht wurden 146 Jugendliche aus Heimen (im Alter von 14 und 17 Jahren). Die Daten wurden über Fallkonferenzen, Erzieherberichte, Selbsteinschätzungen, sowie mit einem Risikoindex erfasst. Zunächst galt das Interesse der Erhebung der Risikofaktoren (z. B. schlechte Wohnverhältnisse, Trennung oder Scheidung der Eltern, Armut, erhebliche Elternkonflikte, Alkoholprobleme etc.) (Lösel & Bender 2008 S. 58). Anschließend wurden die Jugendlichen in zwei Vergleichsgruppen eingeteilt. Die Gruppe der resilienten Jugendlichen umfasste 66 Probanden (die Einstufung erfolgte durch das oben beschriebene Verfahren). Die andere Gruppe umfasste 80 Jugendliche, die in den gleichen Heimen wohnhaft waren und vergleichbare Risikobelastungen zeigten. Diese Gruppe zeigte aber im Vergleich zu der Gruppe der resilienten Jugendlichen erhebliche Verhaltensauffälligkeiten (Lösel & Bender 2008 S. 58). Anhand von Fragebögen und Interviews ließen sich folgende vier Merkmalkomplexe erfassen: „biografische Belastung, Störung des Verhaltens und Erlebens sowie personale und soziale Ressourcen" (Fröhlich-Gildhoff & Rönnau-Böse 2009 S. 17 zit. n. Homfeldt & Maag 2004 S. 417).

Die Bielefelder Invulnerabilitätsstudie kam zu ähnlichen Ergebnissen wie die Kauai- Studie von Werner, obwohl sich diese Studie auf einen anderen Kulturkreis beschränkte und eine spezifische (Hochrisiko-)Gruppe im Blickfeld hatte (Fröhlich-Gildhoff & Rönnau-Böse 2009 S. 17).

Die Gruppe der resilienten Jugendlichen wies eine Reihe von protektiven Faktoren auf wie z. B. eine realistische Zukunftsperspektive, ein positives Selbstwertgefühl, eine hohe Leistungsmotivation, eine feste Bezugsperson außerhalb der Familie (auffälliger Faktor), bessere Beziehungen in der Schule (auffälliger Faktor), zufriedener mit dem Erhalt von sozialer Unterstützung (auffälliger Faktor) (Fröhlich-Gildhoff & Rönnau-Böse 2009 S. 17).

Inwiefern die Jugendlichen während des Untersuchungszeitraums ein stabiles, resilientes oder verhaltenauffälliges Verhalten zeigten, stand vor allem mit dem subjektiven Erleben des Erziehungsklimas der Heime (autoritativ gekennzeichnet, oder durch Empathie und Grenzsetzung, im schlechten Fall autoritär und restriktiv) in Zusammenhang (Lösel & Bender 2008 S. 59).

Die Studie ergab, dass – in verschiedenen Regionen und bei unterschiedlichen Problemfeldern – die meisten Unterscheidungsmerkmale einer gesunden seelischen Entwicklung sich auf viele protektive Faktoren beziehen, die alle eine breite Wirkungsweise aufzeigen (Fröhlich-Gildhoff & Rönnau-Böse 2009 S. 17 zit. n. Lösel & Bender 2007 S. 59). Die Studie belegte, dass die resilienten Jugendlichen aus der „Hochrisikogruppe" trotz Risikobedingungen in der Lage waren, diejenigen Kompetenzen und Persönlichkeitsmerkmale auszubilden, die auch bei einer relativ gesunden Entwicklung im Jugendalter vorhanden sind (Wustmann 2009 S. 94 zit. n. Göppel 2000).

Charakteristika des Resilienzkonzepts

Resilienz wird nach gegenwärtigen Forschungsergebnissen anhand von drei Charakteristika definiert: als ein „dynamischer Anpassungs- und Entwicklungsprozess", eine „variable Größe" und als „situationsspezifisch und multidimensional" (Wustmann 2009 S. 28-32). Folgend werden diese erläutert.

„Resilienz ist ein dynamischer Anpassungs- und Entwicklungsprozess"

Resilienz ist nicht von Geburt an ein vorhandenes Persönlichkeitsmerkmal, sondern wird durch eine Person-Umwelt-Interaktion während des Lebenslaufs erworben (Wustmann 2009 S. 28 zit. n. England, Carlson & Sroufe 1993, Kumpfer 1999, Luthar, Ciccetti & Becker 2000, Masten 1999, Rutter 2000, 2001, Waller 2001, Wyman et al. 2000). Das Charakteristikum von Resilienz, als ein dynamischer Anpassungs- und Entwicklungsprozess, beschreibt eine Interaktion aller beteiligten Faktoren, die sich wechselseitig beeinflussen. D. h., dass einerseits das Kind selbst und andererseits auch die Umwelt an der Entwicklung von resilientem Verhalten beteiligt sind (Opp & Fingerle 2008 S. 15; Wustmann 2009 S. 193). Der Resilienzprozess wird nach heutiger Ansicht auch als eine „aktive Rolle des Individuums" verstanden. Dabei ist einerseits die aktive Bewältigung von altersabhängigen Entwicklungsaufgaben und Lebensereignissen, andererseits auch die Art und Weise, wie das Individuum selbst mit Stress und Risikosituationen umgeht, wie es die Situation subjektiv bewertet und diese dann aktiv bewältigt, gemeint (Wustmann 2009 S. 28). Kinder übernehmen selbst eine regulierende Rolle, wenn sie auf ihre Lebensumwelt einwirken und ihre Umwelt aktiv mitgestalten und konstruieren (Wustmann 2009 S. 193). Somit wird auch die Wirkung der Schutzfaktoren nicht alleine auf eine Abpufferung der Risikofaktoren zurückgeführt. Der entsprechende aktive Umgang und die entsprechenden aktiven Handlungen des Kindes, welche durch widrige Umstände hervorgerufen werden, beschreiben resilientes Verhalten (Wustmann 2009 S. 29 zit. n. Rutter 1985 zit. n. Opp et al., 1999).

„Resilienz ist eine variable Größe"

Das Konstrukt Resilienz kann über Zeit und Situation hinweg variieren. Resilienz ist in diesem Sinne keine stabile Eigenschaft (Fröhlich-Gildhoff & Rönnau-Böse 2009 S. 11), keine stabile Immunität oder Unverwundbarkeit gegenüber schweren Lebens-ereignissen oder psychischen Störungen (Wustmann 2009 zit. n. Rutter 2000; Waller 2001). Die auf die Entwicklung des Kindes einwirkenden Risikofaktoren, sowie die Erfahrung negative Ereignisse erfolgreich zu meistern, kann die Entwicklung des Kindes verändern (Scheithauer, Niebank & Petermann 2000 S. 17). So können sich also während einer Entwicklung z. B. in akuten Stresssituationen neue Vulnerabilitäten und auch Ressourcen herausbilden (Wustmann 2009 S. 30 zit. n. Masten & Coatsworth 1998). Resilienz ist variabel – Kinder können zu einem Zeitpunkt ihres Lebens resilientes Verhalten entwickeln, jedoch zu einem späteren Zeitpunkt ihres Lebens, wenn andere Risikofaktoren wirken, sich viel verletzlicher zeigen (Fröhlich-Gildhoff, Dörner & Rönnau 2007 S. 5f.; Wustmann 2009 S. 30). In diesem Zusammenhang gilt es den Blick auf den Entwicklungsverlauf zu lenken. Hier erkennt man Phasen erhöhter Vulnerabilität, z. B. während sozialer Entwicklungsübergänge (Wustmann 2009 S. 30f. zit. n. Scheithauer & Petermann 1999). Solche Entwicklungsübergänge bringen neue Entwicklungsaufgaben mit sich, welche wiederum erhöhte Anforderungen an die Anpassungsfähigkeit des Kindes stellen (z. B. der Übergang vom Kindergarten in die Schule) (Wustmann 2009 S. 31 zit. n. Griebel & Niesel 2003, Niesel & Griebel 2004). Während kritischer Entwicklungsperioden können Risikofaktoren verstärkt auf das psychosoziale Funktionsniveau des Kindes einwirken (Wustmann 2009 S. 31).

Resilienz bezeichnet also keine lebenslange Fähigkeit, sondern zeigt sich als flexible, „elastische Widerstandskraft" den spezifischen Situationsanforderungen entsprechend (Wustmann 2009 S. 31 zit. n. Zimmermann & Arunkumar 1994).

Aus dieser Charakteristik geht die entscheidende Erkenntnis hervor, dass anfangs auch resiliente Kinder durch Präventionsmaßnahmen gefördert werden müssen. Im weiteren Lebensverlauf besteht immer die Gefahr der Entstehung von Verletzlichkeiten (Scheithauer & Petermann 1999 S. 7).

„Resilienz ist situationsspezifisch und multidimensional"

Resilienz wirkt in spezifischen Lebensbereichen. Aus diesem Grund spricht man auch von situationsspezifischer Resilienz (Petermann & Schmidt 2006 S. 120). D. h., dass eine universelle Übertragung auf andere Lebensbereiche oder Kompetenzbereiche nicht einfach vorgenommen werden kann (Wustmann 2009 S. 32 zit. n. Luthar & Zigler 1991, Luthar et al. 2000). Heute versteht man unter Resilienz eine multidimensionale, kontextabhängige und prozessorientierte Erscheinung. Die Phänomene beruhen auf verschiedenen interagierenden Faktoren (Wustmann 2009 S. 33 zit. n. Walsh 1998). Bei der Erforschung von Resilienz soll die Wichtigkeit eines interdisziplinären Ansatzes hervorgehoben werden, um allen an diesem Prozess beteiligten Faktoren, wie den biopsychosozialen Faktoren oder der Systemebene, gerecht zu werden zu können (Wustmann 2009 S. 33 zit. n. Scheithauer et al. 2000).

Somit lässt sich Resilienz in einem multikausalen Entwicklungsmodell begreifen (Wustmann 2009 S. 33 zit. n. Walsh 1998).

Das Risiko- und das Schutzfaktorenkonzept

Zwei mit der Resilienzforschung zentral verbundene Konzepte sind das Risiko- und das Schutzfaktorenkonzept (Wustmann 2009 S. 36). Im Folgenden werden beide Konzepte in ihren Inhalten und in ihren Grundannahmen vorgestellt.

Das Risikofaktorenkonzept

Risikofaktoren lassen sich wie folgt definieren:

„Risikofaktoren werden als krankheitsbegünstigende, risikoerhöhende und entwicklungshemmende Merkmale definiert, von denen potenziell eine Gefährdung der gesunden Entwicklung des Kindes ausgeht" (Holtmann & Schmidt 2004 S. 196).

Die Grundlagen des Risikofaktorenkonzepts basieren auf dem biomedizinischen Modell. Somit ist also mit dem Risikokonzept eine pathogenetische Sichtweise verbunden (Fröhlich-Gildhoff & Rönnau-Böse 2009 S. 20).

Das Konzept der Risikofaktoren versteht sich mit einem „probabilistischen Charakter" (auf Wahrscheinlichkeit beruhend, kein Kausalitätskonzept). Es lässt sich also nicht eine Verknüpfung zwischen Risikobedingungen und einer unmittelbaren psychischen Störung herstellen (Scheithauer, Petermann & Niebank 2000 S. 16). Der Fokus liegt auf Faktoren, welche die kindliche Entwicklung beeinträchtigen, gefährden und zu einer seelischen Störung führen (Holtmann & Schmidt 2004 S. 196).

Entwicklungsrisiken in der Entwicklungspsychopathologie sind auf der einen Seite *Risikofaktoren* (s. u.), und auf der anderen Seite *Vulnerabilitätsfaktoren* (s. u.) (Wustmann 2009 S. 36). Die Vulnerabilitätsfaktoren beziehen sich auf die biologischen und psychologischen Merkmale eines Individuums, die das Maß seiner Verletzbarkeit ausmachen (Rönnau-Böse & Fröhlich-Gildhoff 2010 S. 15f.) Bei Vulnerabilität kann auch von Defiziten, Defekten oder Schwächen die Rede sein (Scheithauer, Petermann & Niebank 2000 S. 17). Der Begriff Vulnerabilität wird oft mit dem Diathese-Stress-Modell in Verbindung gebracht. Dieses beschreibt die Interaktion zwischen den Genen und der Umwelt. Es wird davon ausgegangen, dass die vererbten Gene und Merkmale von Verhaltensweisen vor allem unter Stress aktiviert werden Die Diathese (ererbte Neigung) macht sich dann über das Auftreten der Störung bemerkbar (Petermann, Kusch & Niebank 1998 S. 222). In vielen Fällen geht man davon aus, dass eine Vulnerabilität des Kindes Voraussetzung sein muss, damit die Risikobedingungen zu der Entwicklung einer psychischen Störung führen (Scheithauer, Petermann & Niebank 2000 S. 17).

Eine exemplarische Auswahl von Risikofaktoren und Vulnerabilitätsfaktoren der kindlichen Entwicklung, in Bezug auf die Störung des Sozialverhaltens, wurde oben in Tabelle 2 vorgenommen.

Vulnerabilitätsfaktoren, lassen sich wie folgt einteilen:

Primäre Vulnerabilitätsfaktoren: Faktoren, die das Kind von Geburt an aufzeigt:

Prä-, peri- und postnatale Faktoren: z. B. Frühgeburt, Geburtskomplikationen, niedriges Geburtsgewicht, Ernährungsdefizite, Erkrankung des Säuglings.

Neuropsychologische Defizite.

Psychophysiologische Faktoren: z. B. sehr niedriges Aktivitätsniveau.

Genetische Faktoren: z. B. Chromosomenanomalien.

Chronische Erkrankungen: z. B. Asthma, Neurodermitis, Krebs, schwerer Herzfehler, hirnorganische Schädigungen.

Schwierige Temperamentsmerkmale, frühes impulsives Verhalten, hohe Ablenkbarkeit.

Unsichere Bindungsorganisation.

Geringe kognitive Fertigkeiten, niedriger Intelligenzquotient, Defizite in der Wahrnehmung und der sozial-kognitiven Informationsverarbeitung.

Geringe Fähigkeiten zur Selbstregulation von Anspannung und Entspannung.

Sekundäre Vulernerabilitätsfaktoren: Merkmale die in der Interaktion mit der Umwelt (Familie, soziales Umfeld des Kindes) erworben werden.

Unsichere Bindungsorganisation.

Geringe Fähigkeit zur Selbstregulation von Anspannung und Entspannung.

(Fröhlich-Gildhoff & Rönnau-Böse 2009 S. 20f.; Scheithauer, Petermann & Niebank 2000 S.18ff.; Wustmann 2009 S.37ff.)

Die Risikofaktoren entspringen hingegen entweder aus dem Kontext der Familie oder sie ergeben sich aus dem weiteren sozialen Umfeld des Kindes. Sie können wie folgt unterschieden werden:

Diskrete Faktoren: wirken nur zu einem bestimmten Zeitpunkt: z. B. ein kritisches Lebensereignis.

Kontinuierliche Faktoren: beeinflussen den gesamten Entwicklungsverlauf: z. B. der sozioökonomische Status der Familie.

Proximale Faktoren: sie wirken direkt auf das Kind ein: z. B. Streitigkeiten der Eltern oder ungünstige Erziehungspraktiken.

Distale Faktoren: sind indirekte Wirkmechanismen über Mediatoren: z. B. chronische Armut, Trennung, Scheidung der Eltern oder elterliche Psychopathologie als Faktor, – z. B. über das Verhalten der Mutter oder die Eltern-Kind-Interaktion: (Distale Faktoren stellen eher „grobe Kategorien" der Risikobedingungen dar; sie können nicht zur Erklärung der genauen Verknüpfung mit psychischen Beeinträchtigungen heran gezogen werden).

(Fröhlich-Gildhoff & Rönnau-Böse 2009 S. 20f.; Scheithauer, Petermann & Niebank 2000 S.18ff.; Wustmann 2009 S.37ff.)

Darüber hinaus nennt Wustmann (2009) zudem traumatische Ereignisse. Es handelt sich um eine extreme Form von Risikofaktoren (S. 40). Diese werden jedoch nicht weiter vertieft.

Die Risikofaktoren können auch in Bezug auf ihre Veränderbarkeit unterschieden werden. Strukturelle Faktoren (feste Marker) sind unveränderlicher Art. Man kann diese nicht beeinflussen (z. B. Geschlecht). Variable Faktoren können durch Präventions- und Interventionsmaßnahmen verändert werden. Dazu zählen diskrete Faktoren und kontinuierliche Faktoren (Fröhlich-Gildhoff & Rönnau-Böse 2009 S. 23).

Die Merkmalsausprägungen von Risikofaktoren sollen in folgender Abbildung 7 zusammengefasst aufgeführt werden.

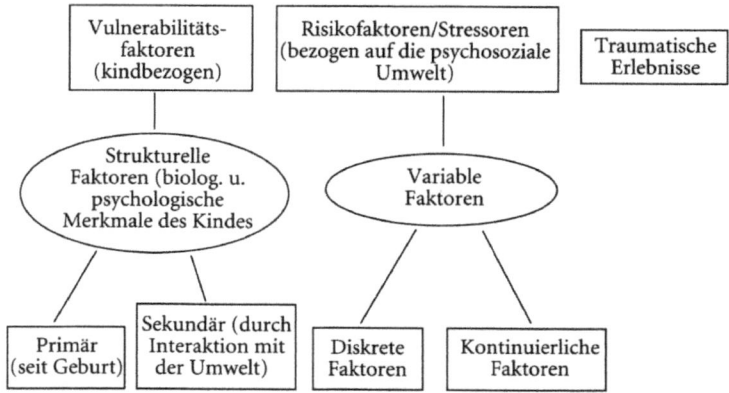

Abbildung 7: Risikoerhöhende Merkmale

(Quelle: Fröhlich-Gildhoff & Rönnau-Böse 2009 S. 23)

Für die Präventionspraxis gestalten sich die variablen Faktoren als bedeutsam, da diese beeinflussbar sind. Z. B. lässt sich als kontinuierlicher Faktor die Qualität der Eltern-Kind-Beziehung aufführen. So kann z. B. durch einen Elternkurs auf die Qualität der Eltern-Kind-Beziehung Einfluss genommen werden (Fröhlich-Gildhoff & Rönnau-Böse 2009 S. 23).

Inwiefern ein Risikofaktor zum Tragen kommt, steht im Zusammenhang mit verschiedenen Gesichtspunkten. So wird in der oben genannten Definition der Risikofaktoren von Holtmann & Schmidt (2004), (s. o.) von einer „potenziellen Gefährdung" gesprochen (S. 196). Besonders hoch zeigt sich die Gefährdung in Zeiten erhöhter Vulnerabilität, d. h. in Zeiten, in denen ein Kind „verwundbar" ist, z. B. im Übergang vom Kindergarten in die Grundschule. Es kommt zu vermehrten Anforderungen an das Kind, die alle zeitgleich bewältigt werden müssen. Ein zusätzlicher Risikofaktor, wie z. B. die Trennung der Eltern, kann eine Anforderung zu viel sein (Rönnau-Böse & Fröhlich-Gildhoff 2010 S. 18).

Wustmann (2009) nennt das Alter und den Entwicklungsstand des Kindes als Aspekte, die es in diesem Kontext, des jeweiligen Risikofaktors zu berücksichtigen gilt (S. 43). Die erhöhte Wahrscheinlichkeit bzw. Möglichkeit eine psychische Störung zu entwickeln, hängt von weiteren zahlreichen weitere Bedingungen ab (Scheithauer & Petermann 1999 S. 6f.).

Folgende Bedingungen können unterschieden werden:

„• **Anhäufung (Kumulation) von Risikofaktoren.** Je mehr Risikofaktoren gleichzeitig auftreten, desto höher ist die Wahrscheinlichkeit für eine fehlangepasste Entwicklung.

• **Dauer/Kontinuität der Risikofaktoren.** Je länger ein Risikofaktor auftritt, desto größer das Risiko für negative Auswirkungen.

• **Abfolge der Risikofaktoren.** Je früher ein Risikofaktor auftritt, desto auffälliger sind Kinder in ihrer Entwicklung.

• **Geschlechtsspezifische Aspekte.** Es gibt vermehrte Belege dafür, dass das männliche Geschlecht insgesamt anfälliger für Risikofaktoren ist.

• **Subjektive Bewertung der Risikofaktoren.** Wenn das Kind die Situation als nicht belastend erlebt, wird der Risikofaktor abgeschwächt."

(Rönnau-Böse & Fröhlich-Gildhoff 2010 S. 18)

Das Schutzfaktorenkonzept

Dem Konzept der Risikofaktoren steht das Konzept der Schutzfaktoren gegenüber. Sie lassen sich wie folgt definieren:

„Schutzfaktoren werden als Merkmale beschrieben, die das Auftreten einer psychischen Störung oder einer unangepassten Entwicklung verhindern oder abmildern sowie die Wahrscheinlichkeit einer positiven Entwicklung erhöhen (Fröhlich-Gildhoff & Rönnau-Böse 2009 S. 27 zit. n. Rutter 1990).

Schutzfaktoren sind nicht das Gegenteil von Risikofaktoren (Rönnau-Böse & Fröhlich-Gildhoff 2010 S. 18 zit. n. Ball & Peters 2007). Laut Definition muss also eine Risikosituation vorliegen damit ein Schutzfaktor eine schützende Wirkung entfalten kann (Rönnau-Böse & Fröhlich-Gildhoff 2010 S. 19 zit. n. Laucht 1999). Wenn keine Risikofaktoren vorliegen, geht man von einer „förderlichen Bedingung" aus (Scheithauer, Petermann & Niebank 2000 S. 67).

Bengel, Meinders-Lücking und Rottmann (2009) geben den wichtigen Hinweis, dass die Schutzfaktoren nicht mit dem Entwicklungsstand des Kindes vermischt werden sollten. D. h., wenn ein Kind Kompetenzen aufzeigt, müssen diese in Bezug auf die Funktion betrachtet werden. Man kann sie auf der einen Seite als eine vor der Störung schützende Kompetenz verstehen, auf der anderen Seite als eine Kompetenz, die aus einer positiven Entwicklung entstanden ist (S. 23). Das bedeutet, dass Schutzfaktoren und Risiko mildernde Faktoren zeitlich vor den Risiko erhöhenden Faktoren auftreten müssen, um eine Risikowirkung abzupuffern (Fröhlich-Gildhoff & Rönnau-Böse 2009 S. 27).

Luthar et al. (2000) zeigt vier verschiedene Kategorien von protektiven Faktoren:

„1. **Generell protektiver Faktor:** diese haben unmittelbar förderliche Auswirkungen, sowohl bei Kindern mit hohem, als auch mit niedrigem Risiko

2. **Stabilisierende protektive Faktoren:** wirken stabilisierend auf die erreichte Kompetenz angesichts steigenden Risikos

3. **Ermutigende protektive Faktoren:** bestärken darin, sich mit Stress auseinander zu setzten, so dass die eigenen Kompetenzen der Stressbewältigung wachsen

4. **Protektive, aber reaktive Faktoren:** wirken sich generell vorteilhaft aus, allerdings in geringerem Maße, wenn das Risiko hoch ist"

(Zander 2009a S. 65 zit. n. Luthar et al. 2000; Hervorhebung durch den Verfasser).

Eine weitere Kategorisierung von Schutzfaktoren ist die Einteilung in *personale Ressourcen* (Eigenschaften des Kindes) und in *soziale Ressourcen* (Schutzfaktoren in der Betreuungsumwelt des Kindes). Wustmann (2009) unterscheidet hier im Wesentlichen drei verschiedene Einflussebenen:

- dem Kind,
- der Familie,
- dem außerfamiliären sozialen Umfeld"

(Wustmann 2009 S. 46 zit. n. Garmezy 1985; Luthar & Ciccetti 2000; Masten et al. 1990; Masten & Coatsworth 1998; Werner & Smith 1982, 1992).

In der Tabelle 2 wurden die Schutzfaktoren der Störung des Sozialverhaltens in Individuum, Familie, Soziale Umwelt und Gesellschaft unterteilt.

Die empirisch erfassten Schutzfaktoren die eine protektive Wirkung entfalten, konnten in Studien identifiziert werden. Sie zeigen sich unabhängig von der Stichprobe und unabhängig von dem jeweiligen Kulturkreis (Fröhlich-Gildhoff & Rönnau-Böse 2009 S. 28).

Bei Bengel, Meinders-Lücking und Rottmann (2009), finden sich folgende Schutzfaktoren:

Personale Schutzfaktoren	• Körperliche Schutzfaktoren und biologische Korrelate der Resilienz
	  • Biologische Korrelate
	  • Temperament
	  • Erstgeborenes Kind
	  • Weibliches Geschlecht
	• Kognitive und affektive Schutzfaktoren
	  • Positive Wahrnehmung der eigenen Person
	  • Positive Lebenseinstellung und Religiosität
	• Kognitive Fähigkeiten und schulische Leistungen
	• Internale Kontrollüberzeugung
	• Selbstwirksamkeitserwartung
	• Selbstkontrolle und Selbstregulation
	• Aktive Bewältigungsstrategien
	• Realistische Selbsteinschätzung und Zielorientierung
	• Besondere Begabungen, Ressourcen und Kreativität
	• Interpersonelle Schutzfaktoren
	  • soziale Kompetenz

Familiäre Schutzfaktoren	• Strukturelle Familienmerkmale
	• Merkmale der Eltern-Kind-Beziehung
	  • Sichere Bindung und positive Beziehung zu den Eltern
	• Autoritative oder positive Erziehung
	  • Positives Familienklima und Kohäsion
	• Positive Geschwisterbeziehungen
	• Merkmale der Eltern

Soziale Schutzfaktoren	• Soziale Unterstützung • Erwachsene als Rollenmodelle oder eine gute Beziehung zu einem Erwachsenen • Kontakt zu Gleichaltrigen • Qualität der Bildungsinstitutionen • Einbindung in prosoziale Gruppen

Tabelle 3: Klassifikation von personalen, familiären und sozialen Schutzfaktoren

(Quelle: Bengel, Meinders-Lücking & Rottmann 2009 S. 49)

In der oben zitierten Mannheimer Risikokinderstudie konnte herausgefunden werden, dass trotz des Bestehens einer Teilleistungsstörung Schutzfaktoren gegen das Auftreten von psychischen Störungen wirken. Dabei handelt es sich um die folgende bedeutsamen Schutzfaktoren:

„•   das Vorhanden sein eines guten Freundes bzw. einer guten Freundin für achtjährige Jungen wie Mädchen

•   gute Beziehungen zu einer Lehrerin für Jungen im Alter von acht, 13 und 18

- angemessenes Copingverhalten der Eltern für 18-jährige weibliche Jugendliche sowie

- psychische Gesundheit der Mutter für Jungen im Alter von acht Jahren und 13 Jahren"

(Petermann & Schmidt 2006 S. 118)

Inwiefern Schutzfaktoren ihre Wirkung entfalten, hängt von zahlreichen Bedingungen ab. Folgende Beispiele können genannt werden:

Anhäufung (Kumulation) von Schutzfaktoren: Je mehr Schutzfaktoren vorhanden sind, desto höher zeigt sich die protektive Wirkung gegenüber den Entwicklungsrisiken (Fröhlich-Gildhoff & Rönnau-Böse 2009 S. 30f.).

Hierarchisierung der Schutzfaktoren: Manche Schutzfaktoren können mehr Einfluss auf die Entwicklung haben als andere (Zander 2009a S. 44).

Alter und Entwicklungsstand: Die unterschiedlichen Schutzfaktoren entfalten ihre Wirkung in Abhängigkeit von bestimmten Altersstufen oder sensiblen Phasen (Bengel, Meinders-Lücking & Rottmann 2009 S. 50).

Geschlechtsspezifischer Aspekt: Bei Mädchen schützen vor allem personale Eigenschaften. Bei Jungen hingegen handelt es sich eher um Komponenten, wie soziale Unterstützung durch Zweite (Wustmann 2009 S. 47f.).

Subjektive Bewertung der Schutzfaktoren: Wenn das Kind selbst die Situation als nicht belastend empfindet, wird der Risikofaktor abgeschwächt (Rönnau-Böse & Fröhlich-Gildhoff 2010 S. 18).

Wie schon erwähnt, wurde in der ersten Phase der Resilienzforschung der Fokus auf die Entschlüsselung von Schutzfaktoren gelegt. Bald gelangte man jedoch zu der Erkenntnis, dass Risiko- und Schutzfaktoren in einer gegenseitigen Wechselwirkung zueinander stehen. Resilienz stellt demnach das Ergebnis des Zusammenwirkens der beiden Faktoren dar (Rönnau-Böse & Fröhlich-Gildhoff 2010 S. 18).

Wirkprozesse und Mechanismen

Die gegenwärtige Forschung legt ihr Augenmerk besonders auf die Prozesse und Mechanismen, die den Risiko- und Schutzfaktoren zugrunde liegen (Wustmann 2009 S. 48). Hier kann man festhalten, dass der Blickwinkel nicht bei einzelnen Faktoren stehen bleiben darf, sondern hin zu einer dynamischen Betrachtungsweise geweitet werden muss (Fröhlich-Gildhoff & Rönnau-Böse 2009 S. 19; Wustmann 2009 S. 48 zit. n. Luthar & Ciccetti 2000, Kaplan 1999, Masten 1999, Masten & Coatsworth 1998, Niebank & Petermann 2000, Richmann & Faster 2001, Rutter 2000, Holtmann & Schmidt 2004).

„Erst durch die Erfassung dieses komplexen Zusammenspiels können exaktere Aussagen über jene Bedingungen getroffen werden, die zur Entwicklung einer Störung führen oder umgekehrt eine positive Entwicklung begünstigen" (Wustmann 2009 S. 49).

In diesem Zusammenhang wird auch von der „Heterogenität der Effekte" gesprochen. Damit ist gemeint, dass Risiko- und Schutzfaktoren, je nach Individuum und je nach Kontextmerkmal verschiedene Auswirkungen zeigt (Wustmann 2009 S. 54). Um das Verhalten eines Kindes unter Berücksichtigung des Entwicklungsverlaufs bzw. -stands zu verstehen, ist es – aufgrund der vielen mitwirkenden Aspekte – von zentraler Bedeutung, die persönliche Geschichte des Kindes – und, damit zusammenhängend, individuellen Risiko- und Schutzfaktoren mit zu beachten (Rönnau-Böse & Fröhlich-Gildhoff 2010 S. 18).

Darüber hinaus ist folgender weiterer Aspekt von zentraler Bedeutung.

„Scheinbar plausible protektive Faktoren können durchaus ein ‚Doppel-Gesicht' haben und unter bestimmten Umständen ein Risiko sein. Das heißt es ist jeweils zu fragen ‚Risiko wofür?' oder ‚Schutz wogegen?'" (Lösel & Bender 1998 S. 60).

Auch stehen die Auswirkungen in Abhängigkeit zur betrachteten spezifischen Störungsart. Daraus ergibt sich, dass eine problemspezifische Vorgehensweise gefordert ist (Wustmann 2009 S. 54). Daher gilt es auch die speziellen Risiko- und Schutzfaktoren der Störung des Sozialverhaltens in die Betrachtung mit einzubeziehen.

In folgender Grafik werden die wesentlichen Gesichtspunkte der Risiko- und Schutzfaktorenkonzepte und deren Zusammenwirken grafisch veranschaulicht:

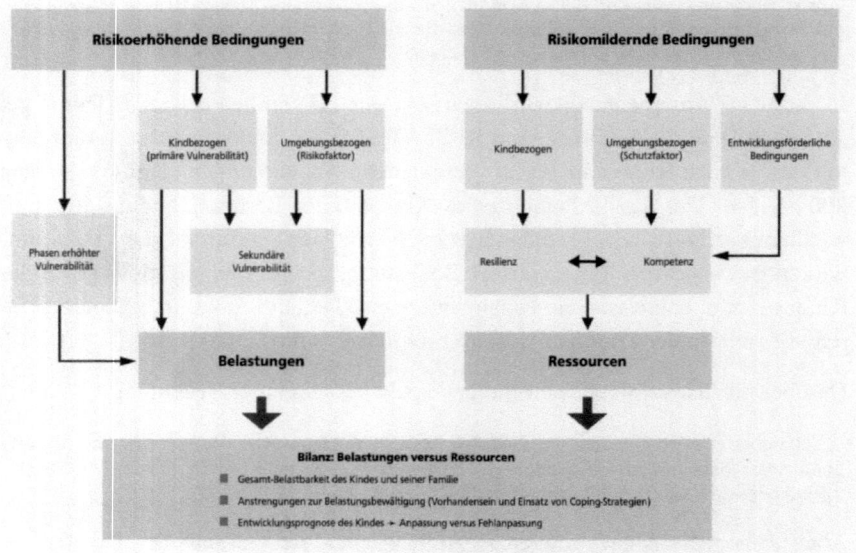

Abbildung 8: Risikoerhöhende und –mildernde Bedingungen

(Quelle: Wustmann 2009 S. 54 zit. n. modifiziert n. Scheithauer, Petermann & Niebank 2000 S. 65)

Die **Abbildung 8** zeigt die Risiko erhöhenden Bedingungen, die sich als Belastung auf die kindliche Entwicklung auswirken. Diese können einerseits auf das Kind bezogene Vulnerabilitätsfaktoren darstellen, andererseits auf die Umgebung bezogene Risikofaktoren. Im zeitlichen Verlauf der kindlichen Entwicklung können auch Phasen erhöhter Vulnerabilität, die auch als normative Übergänge bezeichnet werden, auftreten. Wenn diese sich zeitgleich mit anderen Risikobelastungen ausbilden, können sie das Ergebnis der kindlichen Entwicklung beeinflussen. Den Risiko erhöhenden Bedingungen stehen die schützenden Bedingungen (interne und externe Ressourcen) gegenüber. Hierbei kann eine Unterscheidung der Resilienzfaktoren bezüglich des Kindes und der Umgebung und den allgemeinen entwicklungsförderlichen Bedingungen gemacht werden. Aus diesem Wechselspiel ergeben sich folgende Konstellationen der Kindesentwicklung: Belastung versus Ressource, Anpassung versus Fehlanpassung.

Letztendlich kann eine Aussage über die Belastung des Kindes, seiner Familie und den Prognosen über den Entwicklungsverlauf erst nach einer Gegenüberstellung erfolgen. Dabei sind die auf das Kind und auf die Umwelt bezogenen Risikofaktoren den Schutz-, den Resilienz- und auch den Vulnerabilitätsfaktoren entgegengesetzt (Scheithauer, Petermann & Niebank 2000 S. 86). Stehen die schützenden Bedingungen im Vordergrund, ist die Wahrscheinlichkeit höher, dass die entsprechenden Risikosituationen erfolgreich bewältigt werden und sich ein positiver Entwicklungsverlauf des Kindes zeigt. Das Ziel der Resilienzforschung ist, durch Förderung der schützenden Bedingungen die Risikoeinflüsse zu vermindern (Wustmann 2009 S. 56).

Folgendes Zitat von Scheithauer et al. (2002) fasst den Prozess in Kürze präzise zusammen:

„Die Tatsache, dass sich viele Kinder trotz Risikobelastungen positiv und psychisch gesund entwickeln, kann damit erklärt werden, dass (1) Schutzbedingungen die negative Wirkung von Risikobedingungen abpuffern können, (2) Risikokinder eine unterschiedliche Risikobelastung aufweisen, (3) diese Kinder Bewältigungsfertigkeiten (Coping- Strategien [...]) und entscheidende Kompetenzen entwickelt haben, bzw. in der Auseinandersetzung mit der belastenden Situation entwickeln, die zur Entstehung von Resilienz beitragen und eine angepasste Entwicklung nicht gefährden" (Wustmann 2009 S. 54 zit. n. Scheithauer et al. 2002).

Resilienzmodelle

Aus den soeben aufgeführten Erkenntnissen geht hervor, dass der Fokus auf den Prozess und auf die Wirkzusammenhänge zwischen Risiko- und Schutzfaktoren unabdingbar ist. Deshalb haben ForscherInnen den Versuch unternommen, in entsprechenden Resilienzmodellen die Wirkzusammenhänge zwischen Risiko- und Schutzfaktoren zu erklären. Es handelt sich um statistische Modelle, die in einer Gesamtstruktur Risiko mildernde und Risiko erhöhende Faktoren sowie das Entwicklungsergebnisse beschreiben. Dabei stehen die einzelnen Elemente jeweils in Abhängigkeit zueinander (Wustmann 2009 S. 56). Von Masten und Reed (2002) wurden diese Modelle im Wesentlichen den drei folgenden Forschungsansätzen zugeordnet:

Der variablenbezogene Ansatz: Das Zusammenspiel von Risiko- und Schutzfaktoren und die daran anschließende Frage, welche Ergebnisse sich aus diesen Erkenntnissen ableiten lassen, bzw. in wie fern sie die Entwicklung des Kindes beeinflussen, sind Gegenstand dieses Ansatzes.

Der personenzentrierte Ansatz: Hier steht die Betrachtung der individuellen Ebene im Vordergrund. Es geht um die Entwicklung des Kindes in Beziehung zu den entsprechenden Risiko- und Schutzfaktoren.

Der entwicklungspfadbezogene Ansatz: Bei diesem Ansatz wird die zeitliche Perspektive von resilienten Entwicklungsverläufen verstärkt mit einbezogen.

(Fröhlich-Gildhoff & Rönnau-Böse 2009 S. 36f. zit. n. Masten & Reed 2000)

Der Variablen-bezogene Ansatz kann weiter in folgende Wirkmodelle unterteilt werden (Fröhlich-Gildhoff & Rönnau-Böse 2009 S. 36f.):

Kompensationsmodell: Dieses Modell gründet auf der Annahme, dass Schutzfaktoren eine ausgleichende Wirkung auf Risiko erhöhende Bedingungen entfalten (Fröhlich-Gildhoff & Rönnau-Böse 2009 S. 36f.). Dabei wirkt der Risiko mildernde Faktor in neutralisierender Form. Diese Annnahme wird in zwei verschiedene Wirkmechanismen unterschieden. Zum einen als direkter Einfluss des Faktors auf die Entwicklung des Kindes (z. B. Förderung der sozialen Kompetenz), zum andern indirekt über einen Mediator (z. B. über Elterntraining, das dann wiederum „indirekt" auf das Kind einwirkt) (Masten 2001 S. 219).

Herausforderungsmodell: Dieses Modell fokussiert die Bewältigungsprozesse. So können Risiken und Stress vom Kind als Herausforderung bewertet werden. Deren Bewältigung führt dann zu einer Kompetenzsteigerung und neuen Bewältigunkstrategien, auf die beim erneuten Auftreten von Risiken wieder zurückgegriffen werden kann. Wichtig ist jedoch, dass die Belastungen als bewältigbar eingeschätzt werden. Der zu bewältigende Stressor kann auf diese Weise als potenzieller Verstärker für erfolgreiche Bewältigungsstrategien wirken (Wustmann 2009 S. 59f.).

Interaktionsmodell: Hierbei liegt das Augenmerk auf der Interaktion zwischen den Risiko erhöhenden und den Risiko mildernden Bedingungen. Den Risiko mildernden Faktoren wird hier eine indirekte Wirkung zugesprochen. Diese wirken dann im Sinne eines Puffereffekts, beim Auftreten einer Risiko gefährdenden Situation (Fröhlich-Gildhoff & Rönnau-Böse 2009 S. 36f.).

Kumulationsmodell: Bei diesem Modell geht es vor allem um die Anzahl der Faktoren. Die Wahrscheinlichkeit einer positiven Entwicklung erhöht sich durch die steigende Anzahl der schützenden Faktoren (Wustmann 2009 S. 57).

Die eben vorgestellten Resilienzmodelle können sich gegenseitig ergänzen. Ebenso kann ihre Wirkung in einer zeitlichen Abfolge auftreten (gleichzeitig oder nacheinander) (Fröhlich-Gildhoff & Rönnau-Böse 2009 S. 37 zit. n. Werner 2000).

An dieser Stelle ist anzumerken, dass der variablenbezogene Ansatz keine befriedigende Erklärung des Resilienzkonzepts liefert. Der zeitliche Verlauf und die damit einhergehende entwicklungspsychologische Komponente werden nicht berücksichtigt. Der personenzentrierte Ansatz und der entwicklungspfadbezogene Ansatz berücksichtigen verstärkt diese Komponente.

Rahmenmodell von Resilienz

Kupfer (1999) hat versucht, die Komplexität des Resilienzphänomens in einem multikausalen Entwicklungsmodells zu veranschaulichen. Das Modell beinhaltet die in der Resilienzforschung vielfach diskutierten forschungstheoretischen Grundlagen und stellt daher einen guten Orientierungsrahmen dar. Ganz besonders werden die interaktiven Prozesse zwischen den Merkmalen des Kindes und seiner Lebensumwelt und das daraus resultierende Entwicklungsergebnis berücksichtigt (Wustmann 2009 S. 62).

Laut Kumpfer sind für die Entwicklung von Resilienz die sechs abgebildeten Dimensionen von zentraler Bedeutung. Er beschreibt vier Einflussbereiche (Prädiktoren) sowie zwei Transaktionsprozesse. Sie werden unten erläutert (Wustmann 2009 S. 62-65).

Folgend hat Wustmann (2009) in Orientierung an Kumpfer (1999) den multifaktoriellen Prozess der Resilienzbildung schematisch dargestellt.

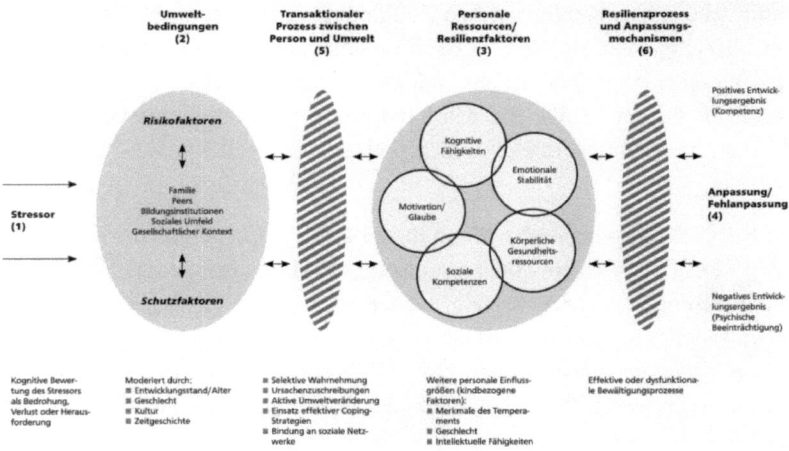

Abbildung 9: Rahmenmodell von Resilienz

(Quelle: Wustmann 2009 S. 65 modifiziert nach Kumpfer 1999 S. 185)

Prädiktoren:

(1) **Der akute Stressor:** Wie es die Definition von Resilienz mit sich bringt, setzten widrige Umstände den Resilienzprozess überhaupt erst in Gang. Das kindliche Gleichgewicht wird gestört. Das Erleben des Stressniveaus steht in einem Zusammenhang mit der subjektiven Bewertung des Kindes (Subjektive Bewertung der Risikobelastung als Herausforderung, Bedrohung, Verlust).

(2) **Umweltbedingungen:** Diese beziehen sich auf die Interaktion zwischen den Risiko erhöhenden und den Risiko mildernden Bedingungen in der Lebensumwelt (soziales Umfeld) des Kindes (dies umfasst die Familie, die Bildungsinstitution, die Peers und den gesellschaftlichen Kontext). Die Wirkmechanismen zwischen Risiko- und Schutzfaktoren werden dabei von folgenden Variablen mitbestimmt: Entwicklungsstand, Alter, Geschlecht, soziokultureller Kontext, geografischer und zeitgeschichtlicher Hintergrund. Von entscheidender Bedeutung ist darüber hinaus eine Kumulation, oder auch die Abfolge, im Auftreten der Risiko- und/oder Schutzfaktoren.

(3) **Personale Merkmale:** Hiermit sind die Fähigkeiten und Kompetenzen des Kindes gemeint, die für eine erfolgreiche Bewältigung von Risikobedingungen notwendig sind. Nach Kupfer ist eine Zuordnung zu folgenden fünf Bereichen, die sich überschneiden, möglich: Kognitive Fähigkeiten, emotionale Stabilität, soziale Kompetenz, körperliche Gesundheitsressourcen sowie Glaube/Motivation. Sehr wichtige auf das Kind bezogene Faktoren stellen darüber hinaus Temperamentsmerkmale, Geschlecht sowie intellektuelle Fähigkeiten dar.

(4) **Das Entwicklungsergebnis:** Wenn dieses sich positiv zeigt, entwickelt sich durch den Erhalt und Erwerb von dem jeweiligen Alter angemessenen Fähigkeiten. Darüber hinaus entwickeln sich auch Kompetenzen einer ganz normalen kindlichen Entwicklung (oder auch durch die Abwesenheit von psychischen Störungen). Im Sinne des dynamischen Prozesses wäre ein positives Entwicklungsergebnis die Bedingung für eine erfolgreiche Bewältigung zukünftiger Stresssituationen.

(Wustmann 2009 S. 62-65)

Transaktionsprozesse:

(1) **Zusammenspiel von Person und Umwelt:** Hier geht es um die vom Individuum ausgehende Beeinflussung von z. B. selektiven Wahrnehmungsprozessen, Attribuierungsmuster, reaktive Umweltselektion oder auch die Bindung an soziale Netzwerke. Diese unterliegen wiederum dem Einfluss der unterstützenden Bezugspersonen. Hierbei wird ein positiver Anpassungsprozess durch ein positives Modellverhalten, durch emotionale Unterstützung oder auch durch eine empathische Haltung angeregt.

(2) **Zusammenspiel von Person und Entwicklungsergebnis:** Dieser Prozess kann auch als Resilienz bezeichnet werden. Gemeint sind effektive und dysfunktionale Bewältigungsprozesse. Diese äußern sich schließlich in einem gesteigerten oder gleich bleibenden Kompetenzniveau, oder auch in einer maladaptiven Reaktion. Der Zusammenhang zwischen diesem Prozess und den verschiedenen Entwicklungsergebnissen, bleibt weiter Thema der Resilienzforschung. (Wustmann 2009 S. 62-65)

Hinsichtlich der Transaktionsprozesse besteht laut Kumpfer sehr großer Forschungsbedarf (Wustmann 2009 S. 63 zit. n. Kupfer 1999). Kupfers Modell wirft folgenden Kritikpunkt auf: Es werden nur negative Umwelteinflüsse (Risikofaktoren) berücksichtigt. Vulnerabilitätsfaktoren bleiben außen vor (Wustmann 2009 S. 63).

Aus den vorangegangenen Modellaussagen lassen sich wichtige Ansatzpunkte für die Präventions- und Interventionsansätze gewinnen (Wustmann 2009 S. 56 zit. n. Garmezy, Masten & Tellegen 1984, Kaplan 1999, Luthar & Cushing 1999, Luthar & Ciccetti 2000, Masten 1999, 2001a, Scheithauer et al. 2000, Werner 2000, Zimmerman & Arunkumar 1994).

Resilienzfaktoren – personale Ressourcen des Kindes

Resilienzfaktoren sind Eigenschaften, die vom Kind ausgehen. Sie werden in der Interaktion mit der Umwelt auch durch die erfolgreiche positive Bewältigung von Alters entsprechenden Entwicklungsaufgaben im kindlichen Lebenslauf erworben. Diese Faktoren spielen in Bezug auf die Bewältigung von schwierigen Lebensbedingungen eine spezielle Rolle (Wustmann 2009 S. 46). Wie in dem Kapitel über die Schutzfaktoren schon benannt wurde, lassen diese sich in personale und soziale Ressourcen unterteilen. Resilienzfaktoren zählen somit zu den personalen Schutzfaktoren des Kindes (Rönnau-Böse & Fröhlich-Gildhoff 2010 S. 21). In der Literatur finden sich inzwischen zahlreiche empirisch gesicherte Resilienzfaktoren (s. z. B Wustmann 2009 S. 115). Nach einer differenzierten Studienanalyse von Fröhlich-Gildhoff et al. 2007, konnten sechs übergeordnete Resilienzfaktoren zusammengefasst werden (Fröhlich-Gildhoff & Rönnau-Böse 2009 S. 41 zit. n. Fröhlich-Gildhoff 2007a).

Die Resilienzfaktoren werden folgend von Fröhlich-Gildhoff und Rönau-Böse (2009) dargestellt:

Abbildung 10: Resilienzfaktoren

(Quelle: Rönnau-Böse & Fröhlich-Gildhoff 2010 S. 22 modifiziert n. Fröhlich-Gildhoff & Rönau-Böse 2009)

Die **Abbildung 10** zeigt den gesamten Prozess dem die Entwicklung von Resilienz unterliegt. Alle sechs Resilienzfaktoren stehen dabei in enger Verbindung zueinander (Fröhlich-Gildhoff & Rönnau-Böse 2009 S. 41).

In der oben zitierten Kauai-Studie konnte festgestellt werden dass
die Resilienzfaktoren auch in den verschiedenen Lebensabschnitten unterschiedlich wirken können.

„•   **Im Säuglingsalter:** Positive Aufmerksamkeit von Familienmitgliedern und von Fremden. Die Kinder zeigen weniger negatives Eß- und Schlafverhalten und bewirken dadurch bei ihren Eltern Distreß (Wolke, 1997).

•   **Im Krabbelalter:** Autonomie, Suche nach neuen Erfahrungen, positive soziale Orientierung, größere Fortschritte in der Kommunikation, Lokomotorik und Selbsthilfefertigkeiten.

•   **In der Grundschule:** Die Kinder kamen gut mit Mitschülern aus; verfügen über ein besseres Sprach- und Lesevermögen als die übrigen Kinder mit erhöhtem Entwicklungsrisiko. Obwohl nicht außergewöhnlich begabt, nutzen sie ihre eigenen Fertigkeiten effektiv; verfügten über viele Interessen und zeigten Aktivitäten und Hobbies.

•   **In der höheren Schule:** Entwicklung eines positiven Selbstkonzepts und internaler Kontrollüberzeugung; die resilienten Mädchen waren selbstsicherer und unabhängiger als die anderen Mädchen mit erhöhtem Risiko."

(Petermann, Kusch & Niebank 1998 S. 22; Hervorhebung durch den Verfasser)

So gilt es die Resilienzfaktoren immer im Zusammenhang mit dem jeweiligen Entwicklungsstand zu beurteilen.

Das besondere der Resilienzfaktoren liegt in ihrer Fördermöglichkeit (Rönnau-Böse & Fröhlich-Gildhoff 2010 S. 23). Wie sich das anschaulich gestaltet, wird im weiteren Verlauf der Arbeit ersichtlich.

Fragestellung

Wie schon der Titel der vorliegenden Bachelorarbeit „*Die Bedeutung von Resilienz für die Prävention von Störungen des Sozialverhaltens im Kindes- und Jugendalter*" verdeutlicht, geht es in dieser Arbeit um die zentrale Frage, welche Bedeutung das Resilienzkonzept für die Prävention der Störung des Sozialverhaltens hat.

Die Fragestellung baut auf den beiden Themenkomplexen *Psychopathologie der Störung des Sozialverhaltens* und *Resilienz* auf.

Im ersten Schritt der Abhandlung ist nun die grundlegende Frage zu beantworten, ob eine Prävention der Störung des Sozialverhaltens überhaupt relevant ist und wie umfangreich sich der aktuelle Forschungsstand zeigt.

Im Folgenden soll die Frage erläutert werden, wie die im zweiten Themenkomplex dargestellten Erkenntnisse der Resilienzforschung für die Präventionspraxis genutzt werden können.

Zunächst werden zur Konkretisierung die Ziele, Ebenen und Strategien entschlüsselt, um anschließend explizit nach Ansatzpunkten der Resilienzförderung im Präventionskontext zu fragen. Anhand von zwei zentralen Anknüpfungspunkten, der Resilienzförderung auf der individuellen Ebene und der Resilienzförderung auf der Beziehungsebene, werden die beiden Themenkomplexe *Störung des Sozialverhaltens* und *Resilienz* miteinander in Beziehung gesetzt. Zum einen wird der theoretische Hintergrund erläutert, zum anderen dienen Beispiele aus der Präventionspraxis dazu die extrahierten Ansatzpunkte zu verdeutlichen. Hierbei liegt der Schwerpunkt auf den theoretischen Inhalten themenrelevanter Präventionsmaßnahmen.

Eine weitere Fragestellung bezieht sich auf die Leistungsfähigkeit der bestehenden Präventionsprogramme. Vereinzelte Forschungsergebnisse werden heran gezogen.

Wie gestaltet sich Resilienzförderung schließlich in der Praxis? Damit die beschriebenen Inhalte nicht nur in der Theorie greifbar werden, werden zwei ausgewählte Beispielprogramme erläutert.

Die allgemeinen Anforderungen an Präventionsprogramme der Störung des Sozialverhaltens werden abschließend skizziert.

Resilienzförderung im Kontext der Prävention der Störung des Sozialverhaltens

Im folgenden Kapitel wird zunächst die Frage nach der Notwendigkeit von Präventionsmaßnahmen betrachtet. Als nächstes werden die Ziele, Ebenen und Strategien von Resilienzförderung im Kontext der Prävention der Störung des Sozialverhaltens aufgeführt. Anschließend folgt ein Überblick über den derzeitigen Forschungsstand. Konkrete Anknüpfpunkte werden dargestellt und erläutert. Darüber hinaus wird die Verbindungen zu bereits bestehenden Programmen hergestellt. Die Darstellung von zwei Beispielprogrammen geben einen Einblick in die Präventionspraxis. Abschließend werden die Anforderungen an Präventions-programme definiert.

Notwendigkeit von Prävention

Bezüglich der Störung des Sozialverhaltens im Kindes- und Jugendalter begründen die oben aufgeführten epidemiologischen Studien, (z. B. die BELLA Studie im Rahmen des Kinder und Jugendgesundheitssurvey (KiGGS) mit einer Angabe der Prävalenzrate von 7,6% (Revens-Sieberer, Wille N. & Bettge 2007 S. 873)), die Relevanz von Präventionsmaßnahmen (Beelmann 2004 S. 113). Die Störung des Sozialverhaltens geht mit deutlichen gesundheitlichen Beeinträchtigungen einher. Kinder, die eine Störung des Sozialverhaltens aufweisen, sind stärker als andere Kinder den Risikofaktoren unterworfen. Oben wurden bereits entsprechende Risikofaktoren beleuchtet.

Oftmals zeigt sich ein persistierendes, antisoziales Verhalten schon in der Kindheit. Daher ist auch ein primär präventiver Ansatz im Vergleich zu späteren Interventionsmaßnahmen notwendig (Essau & Conradt 2004 S. 176; Fröhlich-Gildhoff & Abler 2006 S. 81; Kleiber & Meixner 2000 S. 200f.). Gerade das Symptom der Aggression sowie auch das dissoziale Verhalten, sind am besten zu behandeln, wenn noch möglichst wenige differenzierte Problemverhaltensweisen vorliegen und die Betroffenen noch relativ jung sind (Fröhlich-Gildhoff & Abler 2006 S. 81 zit. n. Scheithauer & Petermann 2004 S. 402).

Bei der Störung des Sozialverhaltens handelt es sich um eine schwerwiegende chronische und auch kostenintensive Verhaltensstörung (Heinrichs et al. 2002 S. 170). Es wurde bereits darauf hingewiesen, dass eine Störung des Sozialverhaltens Unkosten in Millionenhöhe verursachen kann (Lösel et al. 2010a S. 39 zit. n. Muñoz, Hutchings, Edwards, Hounsome, O'Céilleachair 2004, Forster, Prinz, Sander, Shapiro 2008). Daher muss generell der Kosten-Nutzen-Gesichtspunkt über die Wichtigkeit von Präventionsmaßnahmen in Betracht gezogen werden. Nordamerikanische Arbeiten verweisen auf die Tatsache, dass pro Dollar, der in wirksame Präventionsprogramme investiert wird, zwischen 2 und 19 US-Dollar an Folgekosten eingespart werden können (Lösel et al. 2010a S. 40 zit. n. Swisher, Scherer, Yin 2004, Wise, da Silva, Webster, Sanson 2005). Diese Betrachtung aus ökonomischen Gesichtspunkten unterstreicht die Notwendigkeit von Präventions-maßnahmen.

Warum ist aber gerade das Resilienzkonzept so aufschlussreich für die Prävention der Störung des Sozialverhaltens?

Resiliente Kinder haben in unserer heutigen Gesellschaft bessere Chancen mit individuellen, familiären und gesellschaftlichen Risiken umzugehen und diese erfolgreich zu bewältigen. Oben wurde skizziert, dass gerade Betroffene einer Störung des Sozialverhaltens mit zahlreichen Risiken konfrontiert sind. Resilienz ist die Voraussetzung, dass sich Kinder gesund, selbstsicher und zu kompetenten Persönlichkeiten entwickeln. Somit gehen mit dem Resilienzkonzept erhebliche Chancen einher. In der Präventionspraxis der Störung des Sozialverhaltens muss alles dafür getan werden, dass Kinder mit allen zu Verfügung stehenden Mitteln Unterstützung erfahren (Wustmann 2009 S. 15).

Ziele, Ebenen und Strategien

Auch wenn letztlich die Zielgruppe der Prävention immer die Kinder selber darstellen, unterscheiden sich die Präventionsprogramme darin, auf welche Art und Weise sie versuchen, die zukünftige Entwicklung von Kindern beeinflussen (Heinrichs et al. 2002 S. 172). Die Maßnahmen zur Resilienzförderung bei Kindern und Jugendlichen stammen aus den Bereichen Prävention und Gesundheitsförderung (Bengel, Meinders-Lücking & Rottmann 2009 S .119). Jede Präventionsmaßnahme (vor dem Hintergrund der Resilienzförderung), verfügt über ihre eigene spezifische Ausrichtung. Sie unterscheiden sich unter anderem in ihrer Zielsetzung und auf welcher Ebene sie erfolgen. Hier kann es natürlich auch zu Überschneidungen der unterschiedlichen Zielsetzungen kommen.

Sinn von allgemeinen Präventionsmaßnahmen ist:

„in der Gegenwart etwas zu unternehmen, um unangenehme oder unerwünschte Zustände in der Zukunft zu vermeiden" (Leppin 2004 S. 31).

Um dieses Ziel zu erreichen, können Maßnahmen auf verschiedenen Ebenen durchgeführt werden.

Folgende Einteilung in Primär-, Sekundär- und Tertiärprävention wurde von Caplan (1964) (US Preventiv Services Task Force 1998) vorgenommen (Leppin 2004 S. 31f.).

Die Primärprävention: soll die Inzidenzrate in einer Population senken, indem sie zur Unterstützung und Stärkung der Gesundheit beiträgt (Buser, Schneller & Wildgrube 2007 S. 338). Diese Prävention von Risikoverhaltensweisen wendet sich an asymptomatische Personen sowie auch an deren Umfeld (Leppin 2004 S. 32).

Die Sekundärprävention: soll die Prävalenzrate manifester oder fortgeschrittener Erkrankungen senken (Buser, Schneller & Wildgrube 2007 S. 341). Diese Maßnahmen dienen einer Krankheitsfrüherkennung. Ziel ist, die Risikofaktoren möglichst frühzeitig zu beseitigen, bevor Beschwerden oder Krankheitssymptome auftreten. In anderen, bereits manifesten Fällen, soll die Krankheitsdauer verkürzt und/oder die Schwere der Erkrankung gemildert, werden. Die Präventionsart richtet sich an gefährdete Personen und deren Umwelt (Leppin 2004 S. 32).

Die Tertiärprävention: hierbei handelt es sich um die Rehabilitation. Sie besteht aus der wirksamen Behandlung, Beratung, Schulung und dem Training des Kranken, bzw. Behinderten, mit dem Ziel, Verschlimmerungen und bleibende Funktionsverluste zu verhindern, oder deren Bewältigung und Kompensation anzuregen und zu unterstützen (Buser, Schneller & Wildgrube 2007 S. 345).

Maßnahmen der Prävention können unterschiedlich eingesetzt werden, d. h., entweder richten sie sich an die gesamte Bevölkerung oder an spezifische Zielgruppen (Leppin 2004 S. 34).

Universelle Prävention: diese Interventionen richten sich an gesamte Bevölkerungsgruppen, unabhängig von möglicherweise vorhandenen Risikofaktoren (Leppin 2004 S. 34).

Selektive Prävention: diese Interventionen richten sich gezielt an Individuen, die aufgrund von verschiedenen Faktoren, ein erhöhtes Risiko aufweisen eine bestimmte Störung zu entwickeln. Es handelt sich um noch nicht erkrankte Personen (Leppin 2004 S. 34f.).

Indizierte Prävention: diese Art der Prävention richtet sich an Personen, bei denen bereits Vorstufen der Erkrankung sichtbar sind (Leppin 2004 S. 35).

Bei den beiden zuletzt genannten Präventionen kann es zu Überschneidungen kommen (Heinrichs et al. 2002 S. 171).

Eine weitere relevante Differenzierung der Präventionsstrategie ist die **Verhaltensprävention**. Dieser Ansatzpunkt orientiert sich an der Intention, *was* verändert werden soll. Beispiele dafür sind der Versuch, das individuelle Risikoverhalten zu reduzieren, wodurch ein direkter Einfluss auf die Entstehung und Entwicklung der Erkrankung genommen werden kann (Leppin 2004 S. 36 zit. n. Franzkowaik 2003, Laser und Hurrelmann 2000).

Gerade wenn es sich um Störung des Sozialverhaltens intendierte Maßnahmen der Sekundär-, Tertiär-, der selektiven oder indizierten Prävention handelt, ist es wichtig, dass diese eng mit den Annahmen über die Ursachen und die Entstehungsgeschichte verknüpf sind. Daher ist die Betrachtung der normalen Entwicklungsverläufe, der störungsspezifischen Entwicklungsverläufe und auch der damit verbundenen Risiko- und Schutzfaktoren eine Voraussetzung (Heinrichs et al. 2002 S. 171).

Grundsätzlich kann man für alle Arten der Prävention festhalten, dass, je früher die Präventionsmaßnahe einsetzt, sich auch die Aussichten auf Erfolg umso höher zeigen (Fröhlich-Gildhoff & Abler 2006 S. 66).

Präventionsmaßnahmen können auch darin unterschieden werden, was für eine Zielsetzung sie verfolgen:

„Ziel präventiver Maßnahmen kann also zum einen die Reduktion von psychologischen Symptomen sein, zum anderen aber auch die Verbesserung bzw. Stabilisierung der psychischen Gesundheit" (Heinrichs et al. 2002 S. 171).

Die beiden wichtigsten Ziele aller Präventionsmaßnahmen (vor dem Hintergrund der Resilienzförderung) stimmen mit den benannten Zielen aus dem Bereich der Prävention und Gesundheitsförderung überein. Sie beinhalten sowohl die Verminderung von Risikoeinflüssen, als auch die Erhöhung der Resilienz und der Schutzeinflüsse (Masten 2001 S. 193). Folgende Teilziele lassen sich nennen:

„• die Auftretenswahrscheinlichkeit von Risikoeinflüssen bzw. negative Folgereaktionen zu vermindern,

• situative Bedingungen und die Stress- bzw. Risikowahrnehmung beim Kind (kognitive Bewertungsprozesse) zu verändern,

• die sozialen Ressourcen in der Betreuungsumwelt des Kindes zu erhöhen (in der Familie, in den Bildungseinrichtungen, im sozialen Umfeld, im Makrokontext),

• die kindliche Kompetenz zu steigern (Erhöhung personaler Ressourcen) und

- die Qualität interpersoneller Prozesse (Bindungsqualität, Erziehungsqualität, Qualität sozialer Unterstützung zu verbessern"

(Wustmann 2009 S. 122).

Masten entwickelte in diesem Sinn (2001) drei so genannte „Schlüsselstrategien": die *„Risiko-zentrierte Strategie"*, die *„Ressourcen-zentrierte Strategie"* und die *„Prozess-zentrierte Strategie"* (Masten 2001 S. 192-219). Diese werden in ihren Grundannahmen im Folgenden erläutert:

Risiko-zentrierte Strategie

Diese Strategie zielt insbesondere auf die Risiko erhöhenden Bedingungen ab. Diese gilt es zu vermindern, d. h. ihr Auftreten soll von Beginn an verhindert werden. Man kann darin eine Art universelle Präventionsmaßnahme sehen (Masten 2001 S. 199). Andererseits können die entsprechenden Angebote auch für Risikokinder konzipiert sein (Wustmann 2009 S. 123). In diesem Sinne handelt es sich um eine selektive oder indizierte Präventionsmaßnahme. Als Beispiel können Maßnahmen zur Reduktion von aggressivem Verhalten genannt werden.

Ressourcen-zentrierte Strategie

Ziel dieser Strategie ist die Erhöhung der sozialen und personalen Ressourcen. Hier werden Angebote impliziert, welche die Kompetenzen des Kindes und auch seiner Bezugspersonen steigern (Masten 2001 S. 205). Folgende Beispiele können herangezogen werden:

Präventionsangebote, welche die Problem- und Konfliktlösestrategien des Kindes fördern sowie die Förderung von realistischen Attribuierungsmustern. Auch sind Förderangebote gemeint, die z. B. die Förderung der sozialen Kompetenzen zum Ziel haben.

Angebote für Eltern (Familienbildung), welche auf die Stärkung der elterlichen Erziehungskompetenzen abzielen.

Auch Fort- und Weiterbildungsmaßnahmen von Multiplikatoren wie z. B. von pädagogischen Fachkräften die auf eine Verbesserung der pädagogischen Qualität in der Bildungseinrichtung abzielen.

(Wustmann 2009 S. 123).

Prozess-zentrierte Strategie

Diese Strategie zielt auf die Förderung der grundlegenden protektiven Systeme (z. B. Bindungssystem, Bewältigungsmotivationssystem oder selbstregulatives

System). Für die kindliche Kompetenzentwicklung, im Sinne einer entwicklungsorientierten Prävention – haben diese – eine maßgebliche Bedeutung. Z. B. lassen sich hier Präventionsmaßnahmen nennen, welche über ein Feinfühligkeitstraining das elterliche Verhalten differenzieren. Weitere Beispiele sind die Förderung der Eltern-Kind-Bindung, oder die Förderung von Stressbewältigungskompetenzen (Masten 2001 S. 210).

Forschungsstand zur Prävention der Störung des Sozialverhaltens

In den letzten Jahrzehnten entwickelten sich viele Präventionsansätze der Störung des Sozialverhaltens, mit ganz unterschiedlichen Schwerpunkten (Beelmann 2004 S. 114 zit. n. z. B. McCord & Tremblay 1992, Loeber & Farington 1998, 2001). Aus der Literaturrecherche zum Thema ging deutlich hervor, dass der nationale sowie der internationale Forschungsstand zur Prävention sehr umfangreich ist (so auch Heinrichs et al. 2002 S. 170). Man findet Präventionsprogramme, die alle oben benannten Ebenen und Strategien enthalten. Daher sprechen Heinrichs, Saßmann, Hahlweg & Perrez (2002), Petermann (2003), Peters & McMahon (1996), auch von einer „Hochkonjunktur" der Prävention von Verhaltensstörungen (in Beelmann 2004 S. 113). So finden sich verschiedenste Methoden für unterschiedliche Zielgruppen. Das Spektrum erstreckt sich vom Kindergarten bis zur Behandlung von Straftätern, welche massive Gewaltverbrechen begangen haben (Fröhlich-Gildhoff 2006 S. 13).

In dieser Arbeit liegt der Fokus in erster Linie auf der Primär- und Sekundärprävention. Interventionsmaßnahmen von bereits schwer Erkrankten (Tertiärprävention) wie z. B. die Behandlung, Rehabilitation oder forensische Unternehmungen bleiben außen vor.

Einen guten Überblick über Präventionsprogramme im Kindes- und Jugendalter findet man bei den AutorInnen Bengel, Meinders-Lücking & Rottmann (2009), Bühler & Heppekausen (2005), Kaluza & Lohaus (2006) und Lohaus & Domsch (2009).

In wie fern ist bei Präventionsmaßnahmen gerade das Resilienzkonzept von entscheidender Bedeutung? Die Antwort darauf soll im folgenden Abschnitt vertieft werden. Folgende Bereiche stehen dabei im Blickpunkt:

Präventionsprogramme zur Stärkung der Resilienzfaktoren beim Kind

Präventionsprogramme zur Stärkung der sozialen Schutzfaktoren

Präventionsprogramme zur Verbesserung der elterlichen Erziehungspraktiken

Präventionsprogramme, welche eine Reduktion der umgebungsbedingten Risikofaktoren zum Ziel haben

Programme die auf die Verbesserung von Symptomen der Störung des Sozialverhaltens abzielen (im weiteren Sinne auch auf Symptome komorbider Erkrankungen).

Ansatzpunkte

In der Präventionspraxis ergänzen sich die beiden Themenkomplexe *Störung des Sozialverhaltens* und *Resilienz* optimal. Auf den ersten Blick scheint dies nicht der Fall zu sein, denn die wenigsten Programme benennen Resilienz als theoretische Fundierung. Man findet nur wenige Maßnahmen unter dem Schlagwort Resilienzförderung (so auch Bengel, Meinders-Lücking & Rottmann 2009 S. 119). Dennoch beziehen sich diverse Präventionen auf die Förderung von Resilienz (Rönnau-Böse & Fröhlich-Gildhoff 2010 S. 46f.).

Es wird ein Überblick über Präventionsmaßnahmen gegeben, welche Aspekte der Resilienzförderung aufgreifen. Sie treten dabei mit unterschiedlichen Ansätzen auf und können sich daher auch untereinander überschneiden.

Die Ansätze unterschieden sich darin, an welches Interventions- Setting sie sich richten. Dieses steht wiederum in Abhängigkeit zur Präventionsart und kann sich auf die natürliche Umgebung der Familie (engl. home based), auf Schulungszentren und die Schule (engl. center based, school based) sowie auf die Gemeinde beziehen (engl. community based), (Heinrichs et al. 2002 S. 172 zit. n. Perrez 1994).

Präventionsprogramme können weiter darin unterschieden werden, an welche Gruppe von Adressaten sie sich wenden. Vor dem Hintergrund der Resilienzförderung können die Ansätze in zwei zentrale Ebenen unterteilt werden: Die individuelle Ebene (Resilienz als Personeneigenschaft) und die Beziehungsebene (Resilienz als Person-Umwelt- Konstellation) (Wustmann 2009 S. 124; Kipker 2008 S. 71). Anhand dieser zwei wesentlichen Unterscheidungsmerkmale, wird in dieser Arbeit im Folgenden vorgegangen.

Resilienzförderung auf der individuellen Ebene

Diese Ebene steht in direktem Zusammenhang mit den oben benannten Inhalten der Resilienzfaktoren, – der personalen Ressourcen des Kindes.

Der Fokus dieses Ansatzpunktes betrifft das Kind selbst. Er umfasst folgende Förderaspekte:

„Förderung von

Problemlösefertigkeiten und Konfliktlösestrategien

Eigenaktivität und persönlicher Verantwortungsübernahme (Schaffen von Möglichkeiten der Partizipation und des kooperativen Lernens)

Selbstwirksamkeit und realistischen Kontrollüberzeugungen

positiver Selbsteinschätzung des Kindes (Stärkung des Selbstwertgefühls)

kindlichen Selbstregulationsfähigkeiten

sozialer Kompetenz, insbesondere Empathie und soziale Perspektivenübernahme

Stressbewältigungskompetenzen (effektiven Coping- Strategien)

körperlichen Gesundheitsressourcen"

(Wustmann 2009 S. 125f.).

Förderung der Resilienzfaktoren

Wie bereits erwähnt, liegt das Besondere der Resilienzfaktoren in ihrer Fördermöglichkeit (Rönnau-Böse & Fröhlich-Gildhoff 2010 S. 23). Es finden sich zahlreiche Präventionsprogramme, welche die Förderung der Resilienzfaktoren beinhalten. Diese findet man in den meisten Fällen im Setting *Kindergarten* oder *Schule* wieder (Heinrichs et al. 2002 S. 172f.).

Selbst- und Fremdwahrnehmung

In der Schutzfaktorenforschung gehört der Faktor Selbstwahrnehmung zu dem Bereichen, der empirisch am besten belegbar ist (Bengel, Meinders-Lücking & Rottmann 2009 S. 64). Die Selbstwahrnehmung wird als eine ganzheitliche und adäquate Wahrnehmung der eigenen Emotionen und Gedanken verstanden. Darüber hinaus ist eine Reflexionsfähigkeit erforderlich. Bei der Fremdwahrnehmung geht es darum, eine Beziehung zu Anderen herstellen zu können (Fröhlich-Gildhoff & Rönnau-Böse 2009 S.43). Das setzt eine Förderung der differenzierten und reflektierten Wahrnehmung der eigenen Person voraus. Eine angemessene Selbstwahrnehmung braucht man z. B. für soziale Beziehungen, zum Bewältigen neuer Aufgaben und zur Lösung von Problemen. Dabei sind Kinder weitgehend auf die Unterstützung von Erwachsenen angewiesen. Auch ist eine Kenntnis der eigenen Stärken und Schwächen notwendig. Ein positives Selbstwertgefühl sowie das Vertrauen in die eigenen Fertigkeiten zählen dazu. Bei der Förderung der Selbst- und Fremdwahrnehmung bei Kindern kann die Aufmerksamkeit zunächst auf die Steigerung der Sensibilität für den eigenen Körper und die eigenen Gefühle gerichtet werden (Ahrens-Eipper et al. 2002 S. 13). Hier finden sich deutliche Parallelen zur Förderung der Sozialen Kompetenz (s. u.). Darüber hinaus sind Kinder hier weitgehend auf die Unterstützung von Erwachsenen angewiesen. Die Förderung der Selbst- und Fremdwahrnehmung wird daher auch weiter unten im Bereich der Resilienzförderung auf der Beziehungsebene aufgegriffen.

Selbststeuerung und Selbstregulation

Damit ist die Fähigkeit gemeint, Emotionen und Spannungszustände eigenständig regulieren zu können (Rönnau-Böse & Fröhlich-Gildhoff 2010 S. 21; Fröhlich-Gildhoff & Rönnau-Böse 2009 S. 45). Studien zeigten, dass Kinder, die über eine höhere Resilienz verfügten, ihre Impulssteuerung besser beherrschten und dadurch ihr Verhalten besser steuern konnten. Dadurch bekamen sie auch von anderen Kindern mehr Aufmerksamkeit (Rönnau-Böse & Fröhlich-Gildhoff 2010 S. 53 zit. z. B. n. Li-Grining et al. 2006). Die Fähigkeit, – die Steuerung der inneren Zustände, entwickelt sich schon von Geburt an. Das angemessenes Modulieren, Regulieren bzw. Kontrollieren der Intensität und Dauer, äußert sich dann in den Verhaltensweisen und psychologischen Prozessen (Fröhlich-Gildhoff & Rönnau-Böse 2009 S. 45). Das Erlernen dieser Mechanismen geschieht mit Hilfe von Bezugspersonen (Fröhlich-Gildhoff & Rönnau-Böse 2009 S. 45 zit. n. Papousek 2004). Eine angemessene „Affektbestimmung der Bezugsperson" ist für die Gefühlentwicklung eines Individuums ausschlaggebend. Daraus entwickelt sich später die Emotionsregulation. Daher hat der Einfluss von Bezugspersonen für die Kindesentwicklung einen hohen Stellenwert (Fröhlich-Gildhoff & Rönnau-Böse 2009 S. 45). Um den Aspekt der Selbststeuerung/Regulation zu fördern, ist ein „positives emotionales Klima" in der Familie von zentraler Bedeutung. Auch der offene Umgang mit Gefühlen hat einen entscheidenden Einfluss auf die Emotionsregulation. Bei Kindern die über ungenügende Selbstregulationsmechanismen verfügen, kann es hilfreich sein, in folgenden Punkten angeleitet zu werden:

Selbstbeobachtung (Wahrnehmung der eigene Erregungszustände),

Differenzierte Wahrnehmung der Gefühle und auch deren Interpretation,

soziale Rückversicherung einholen,

Beherrschung der „Selbstinstruktionen" (Handlungsstrategien zur Emotions-regulation),

Entwicklung (neuer) Handlungs- bzw. Regulationsstrategien

(Fröhlich-Gildhoff & Rönnau-Böse 2009 S. 46).

Aspekte zur Förderung der Selbststeuerung und Selbstregulation, finden sich in vielen Präventionsprogrammen wieder, vor allem, wenn sie die Reduktion von Gewalt und Aggression zum Ziel haben.

Selbstwirksamkeit

Die Selbstwirksamkeit wurde in vielen Längsschnittstudien als protektiver Faktor belegt (Lösel & Bender 1998 S. 60). Bei der Selbstwirksamkeit handelt es sich um das Vertrauen in die eigenen Fähigkeiten. Es geht um das Vertrauen, Ziele durch Überwindung von Hindernissen, trotzdem erreichen zu können (Fröhlich-Gildhoff & Rönnau-Böse 2009 S. 47; Rönnau-Böse & Fröhlich-Gildhoff 2010 S. 21). Die eigenen Erwartungen, die mit den Vorerfahrungen der Person in Verbindung stehen, haben dabei eine zentrale Bedeutung. Sie bestimmen schon im Vorhinein die Herangehensweise an eine Situation. Somit stehen sie auch in einem Zusammenhang mit der Bewältigung, welche wiederum die eigene Selbstwirksamkeit bestätigt (Fröhlich-Gildhoff & Rönnau-Böse 2009 S. 47 zit. n. Grawe 1998). Nach Bandura basiert die Selbstwirksamkeitserfahrung auf folgenden vier Faktoren:

„•   direkte Handlungserfahrungen,

•   stellvertretende Erfahrungen,

•   sprachliche Überzeugungen und

•   die wahrgenommenen physischen Erregungen"

(Jerusalem 1990 S. 33 zit. n. Bandura 1977).

Die bedeutendste Rolle in diesem Kontext spielen die eigenen Handlungen. Bei Erfolg stärken sie die Selbstwirksamkeitserfahrungen, bei Misserfolg wird die Selbstwirksamkeit geschwächt (Jerusalem 1990 S. 33). Die protektive Wirkung von Selbstwirksamkeit ist bei der Motivation, zu aktiven Bewältigungsversuche, und deren Ausführung anzusiedeln (Fröhlich-Gildhoff & Rönnau-Böse 2009 S. 47f.). In diesem Sinne können auch die Fördermöglichkeiten verstanden werden. Um die Selbstwirksamkeit der Kinder zu stärken, muss eine positive Erwartung hinsichtlich der Selbstwirksamkeit betont und gefördert werden. Diese Erfahrungen können dann auf neue Situationen übertragen werden, so dass die Kinder sich in Zukunft gewisse Schwierigkeitsniveaus zutrauen (Wustmann 2009 S. 101). Die Förderung der Selbstwirksamkeit wird daher unter dem Aspekt der Förderung der Sozialen Kompetenz eingeordnet. Z. B. wird sie in folgenden Präventionsprogrammen explizit gefördert:

„Förderung der Selbstwirksamkeit und Selbstbestimmung im Unterricht (FoSS)" von Drössler, Röder und Jerusalem (2007) (in Jerusalem & Meixner 2009 S. 152-156): Dieses Trainingsprogramm bezieht sich auf die Förderung von Selbstwirksamkeit bei Schülern durch bestimmte Unterrichtsstrategien von LehrerInnen.

Resilienzförderung bei Kindern und Jugendlichen in Schulen für Lernbehinderte von Grünke (2003): Vor dem Hintergrund, dass Schüler mit Lernbehinderung zum größten Teil aus soziokulturell benachteiligten Verhältnissen stammen und dabei die Risikobelastungen ein hohes Ausmaß aufzeigen, wurde dieses Präventionsprogramm entwickelt. Es zielt auf die Förderung bestimmter Resilienzaspekte. Die Schüler sollen lernen die Verantwortung für Gewalt, Vernachlässigung oder auch Misshandlungen, nicht bei sich selbst zu suchen, sondern sie sollen lernen, eine undogmatische und stoische Einstellung gegenüber den widrigen Umständen zu entwickeln. Darüber hinaus soll ihnen die Kompetenz vermittelt werden, das Überwinden von vielerlei Schwierigkeiten zu meistern.

Soziale Kompetenz

Der Faktor der sozialen Kompetenz zeigte schon zu Beginn der Resilienzforschung konsequent seine protektive Wirkung (Fröhlich-Gildhoff & Rönnau-Böse 2009 S. 49).

„Als soziale Kompetenz bezeichnet wird die Verfügbarkeit und effektive Anwendung von kognitiven, emotionalen und aktionalen Verhaltensfertigkeiten (skills), die es dem Handelnden ermöglichen, bestimmte Arten von sozialen Situationen letztlich zielführend und bedürfnisgerecht zu bewältigen" (Pfingsten 2009 S. 159).

Soziale Kompetenz ist die Fähigkeit, im Umgang mit anderen Menschen die sozialen Situationen einschätzen und auch adäquate Verhaltensweisen zeigen zu können. Das bedeutet sowohl empathisches Verhalten zu zeigen, sich selbst zu behaupten, als auch auftretende Konflikte angemessen lösen zu können. Soziale

Kompetenz zeichnet sich zudem dadurch aus, dass in notwendigen Situationen auf soziale Unterstützung zurück greifen werden kann (Rönnau-Böse & Fröhlich-Gildhoff 2010 S. 22). Fertigkeiten der Sozialen Kompetenz finden sich in der Literatur unter dem Begriff engl. „social skills". Diese können Folgendes umfassen:

„• ‚Sich in den anderen hineinversetzten', ‚Handlungsalternativen entwickeln' oder ‚zielführende Gedanken aktivieren' (kognitive Fertigkeiten).

• ‚eigene Gefühle oder Stimmungen wahrnehmen', ‚sich entspannen' oder ‚eigene Ängste vorübergehend ignorieren' (emotionale Fertigkeiten).

• ‚Laut und deutlich sprechen (können)' oder ‚jemanden anschauen' (aktionale Fertigkeiten)"

(Pfingsten 2009 S. 159).

Das Verhalten in sozialen Situationen ist von unterschiedlichen Faktoren abhängig, z. B. bisherige Lebenserfahrungen, Lebensalter, die entsprechende Situation („Art und Bedeutung der jeweiligen sozialen Gruppe"), geltende Regeln und Normen, Komplexität der Situation etc. (Fröhlich-Gildhoff & Rönnau-Böse 2009 S. 49).

Folgende Elemente von sozialer Kompetenz sind von Bedeutung:

Die Wahrnehmung und Interpretation sozialer Situationen; die Informations-verarbeitung (hier werden Parallelen zu den Resilienzfaktoren Selbstwahrnehmung und Selbstwirksamkeit deutlich) (Fröhlich-Gildhoff & Rönnau-Böse 2009 S. 49).

Emotionale Kompetenz und Empathie: hier geht es vor allem darum, sich seiner Gefühle bewusst zu sein und diese ausdrücken und regulieren zu können (Fröhlich-Gildhoff & Rönnau-Böse 2009 S. 50).

Verhaltensmöglichkeiten in der Situation (Bestandteile von Kommunikation): schon sehr früh im Entwicklungsverlauf werden die Grundfähigkeiten der Kommunikation erlernt (Fröhlich-Gildhoff & Rönnau-Böse 2009 S. 50).

Die spezifische Verhaltensrealisierung, v. a. bei der Lösung von Konflikten und bei der Selbsteinbringung bzw. -behauptung: Es ist die Fähigkeit, angemessen und z. B. nicht aggressiv die eigenen Ansprüche und Bedürfnisse durchzusetzen. Es geht darum, „nein" sagen zu lernen, Wünsche kund zu tun sowie Forderungen stellen zu können. Voraussetzungen dafür sind, die eigenen Anlagen und Interessen zu kennen und auch die Situation adäquat einschätzen zu können (Fröhlich-Gildhoff & Rönnau-Böse 2009 S. 50).

Konsequenzen Beurteilen, sowie selbst reflektieren zu können: Menschen die ein sozial kompetentes Verhalten zeigen, können ihr Verhalten selbst oder auch mit der Unterstützung von anderen Personen beurteilen (Fröhlich-Gildhoff & Rönnau-Böse 2009 S. 50 zit. n. Fröhlich-Gildhoff et al. 2007a S. 20ff.).

Zum Thema wie die soziale Kompetenz gefördert wird, gibt es zahlreiche Veröffentlichungen (z. B. Lösel et al. 2004; Malti & Perren 2008). Konzepte zur Förderung der sozialen Kompetenz bei Kindern und Jugendlichen wurden während der letzten 3 Jahrzehnte erstellt (v. a. im engl. Sprachraum) und auf ihre Wirksamkeit hin untersucht (Petermann & Petermann 2007 S. 171 zit. n. Foster & Bussman 2008, Gresham 1998, Segrin & Givertz 2003, Spence 2003). Grund dafür ist, dass soziale Kompetenz der wesentlichste Faktor ist, welcher bei der Entstehung und Aufrechterhaltung fast aller psychischen Störungen eine Rolle spielt (Pfingsten 2009 S. 158 zit. n. Segrin 2001). Auch in Bezug auf die Prävention der Störung des Sozialverhaltens findet man häufig Programme, welche die soziale Kompetenz von Kindern fördern (Lösel 2008 S. 4 zit. n. Lösel & Beelmann 2003). Soziale Kompetenz ist folglich eine Voraussetzung für Kompetenz in vielen Bereichen (Pfingsten 2009 S. 158 zit. n. Rychen & Salganik 2003). Daher ist die Förderung der sozialen Kompetenz auch im deutschen Schulgesetz verankert (Pfingsten 2009 S. 158 zit. n. Jerusalem & Klein-Heßling 2002).

Folgende Präventionsprogramme zur Förderung der sozialen Kompetenz können aufgeführt werden:

Gruppentraining sozialer Kompetenz (GSK) von Hinsch & Pfingsten (2007): Dieses Training hat Kinder speziell mit sozialen Kompetenzproblemen im Blickfeld. Es basiert auf einem multifaktoriellen Erklärungsmodell zur sozialen Kompetenz und umfasst die emotionale, kognitive und aktionale Ebene.

Mutig werden Til Tiger von Ahrens-Eipper et al. (2010): Dieses Programm umfasst den Problembereich der sozialen Unsicherheit und/oder der sozialen Ängste bei Kindern. Es zielt darauf ab, vorhandene Kompetenzen zu fördern, neue Handlungsstrategien aufzubauen und den Kindern mehr Selbstbewusstsein zu vermitteln.

In diesem Bereich sind vor allem universelle Förderprogramme verbreitet. Die Förderung der sozialen Kompetenz findet man auch in zahlreichen anderen Präventionsprogrammen als eigenes Element wieder (Pfingsten 2009 S. 159).

Für den Jugend-zentrierten Ansatz gibt es nur wenige Programme, obwohl bekannt ist, dass gerade das Jugendalter massive Probleme mit sich bringt (Petermann & Petermann 2007).

Ein Jugend-zentrierter Ansatz zur Förderung der sozialen Kompetenz wäre:

Training mit Jugendlichen: Aufbau von Arbeits- und Sozialverhalten von Petermann & Petermann (2007): Dieses Trainingsprogramm zielt auf die Arbeits- und Motivationsförderung in den verschiedenen Bereichen der Berufsausbildung ab. Außerdem ist es zur Anwendung in Hauptschulen, in der Heimerziehung und im Jugendstrafvollzug geeignet. Auch sozial benachteiligte Jugendliche können durch dieses Programm gefördert werden. Das Ziel dieses Programms ist, das aggressive und dissoziale Verhalten, sowie auch das initativlose und sozial unsichere Verhalten abzubauen und die soziale Kompetenz zu fördern.

Abschließend wird festgehalten, dass Metaanalysen für soziale Kompetenztrainings „bei Kindern und Jugendlichen **zumindest kurzfristig meistens zu signifikanten konstruktiven Veränderungen** führten" (Pfingsten 2009 S. 171). Es konnte gezeigt werden, dass die Durchschnittliche Effektstärke (d etwa .50) sich im mittleren Bereich liegt (Pfingsten 2009 S. 171 zit. n. Lübben & Pfingsten 2005).

Umgang mit Stress

Nach dem interaktionistischen Stresskonzept von Lazarus wird Stress wir folgt definiert: Stress ist

„jedes Ereignis, in dem äußere und innere Anforderungen (oder beide) die Anpassungsfähigkeit eines Individuums (oder sozialen Systems) oder eines organischen Systems beanspruchen oder übersteigern" (Lazarus 1981 S. 226).

Stressfaktoren können z. B. kritische Lebensereignisse oder auch alltägliche Belastung sein (Knoll, Scholz & Rieckmann 2005 S. 95- 98).

In vielen Fällen kann es zu einer Anhäufung von Stressfaktoren kommen. Die Summe der Faktoren übersteigt dann die Bewältigungskompetenz einer Person. Bei häufigem Auftreten solcher Situationen besteht zunehmend die Gefahr, dass Problembereiche die zu einem früheren Zeitpunkt schon einmal bewältigt wurden, ein zweites Mal nicht mehr bewältigt werden können (Fröhlich-Gildhoff & Rönnau-Böse 2009 S. 51). Auch steht die Art und Weise der Bewältigung im Zusammenhang mit der subjektiven Bewertung der Situation. Laut Lazarus & Launier (1981) wird dieser Bewertungsprozess in drei Stufen eingeteilt:

Die Situation wird in der Bewertung eingeschätzt: in unwichtig, positiv-angenehm oder stressbezogen.

Es wird analysiert welche Möglichkeiten der Bewältigung zur Verfügung stehen.

Die Situation wird neu bewertet, wobei sich die Bewertung/Analyse aus 1 und 2 ändern kann.

Die Herangehensweise an die Bewertung der Stresssituation ist von zahlreichen Einflussfaktoren abhängig, wie z. B. bisherige Erfahrungen, Möglichkeiten der kognitiven Informationsverarbeitung, Verständnis der Situationen, Fähigkeit zur Emotionsregulation bzw. Selbststeuerung (Lazarus 1981).

An dieser Stelle wird ein Zusammenhang mit anderen Resilienzfaktoren deutlich. Ahrens-Eipper et al. (2002) nennt für eine erfolgreiche Stressbewältigung, bzw. um ein besseres Verständnis für Stresssituationen zu erlangen, folgende Aspekte:

„1.   Kennen lernen eines anschaulichen Stressmodells

2.   Wahrnehmung eigener Stressreaktionen

3.   Erkennen von Stresssituationen

4.   Einsatz von Bewältigungsstrategien"

(Ahrens-Eipper et al. 2002 S. 15).

Laut Ahrens-Eipper (2002) werden die Bewältigungsformen zweifach unterschieden:

„Die ‚offene Handlung' (Problemlöseverhalten, Vermeidungs-, Flucht- und Angriffsverhalten, Suche nach sozialer Unterstützung, Entspannungsübungen, Konsum von Genussmitteln) und ‚innere psychische Vorgänge' (Verdrängung, Verharmlosung, Ablenkung, Selbstbemitleidung, positive Selbstermutigung)" (Ahrens-Eipper et al. 2002 S. 15).

Stress ist auch in Bezug auf die Störung des Sozialverhaltens ein Risikofaktor. Vor diesem Hintergrund ist es besonders sinnvoll Stressbewältigungskompetenzen zu vermitteln. Auch wenn bei einem Kind das aktuelle Belastungserleben nicht sonderlich ausgeprägt ist, ist es dennoch in Bezug auf zukünftig auftretende Stresssituationen sinnvoll, Kinder und Jugendliche in ihrer Bewältigungskompetenz zu stärken. Im Weiteren geht es darum, unangebrachten Bewältigungsformen vorzubeugen (Lohaus & Domsch 2009 S. 132). In vielen Fällen gehen Stressbewältigungsprogramme mit einer primärpräventiven Orientierung einher. Die theoretische Fundierung orientiert sich am transaktionalen Stressmodell von Lazarus (1966) (Lazarus 1981; Lohaus & Domsch 2009 S. 132).

Beispielprogramme zur Stressbewältigung im Kindes- und Jugendalter sind:

Bleib locker von Klein-Heßling & Lohaus (1998): Der fokussierte Problembereich dieses Programms ist die Verbesserung des Umgangs mit Stress. Dazu existieren vier zentrale Inhalte: Vermittlung eines Stressmodels, Wahrnehmung von Stressreaktionen, Wahrnehmung von Stresssituationen und die Vermittlung von Bewältigungsstrategien. Darüber hinaus werden Entspannungstechniken vermittelt.

Anti-Stress-Training für Kinder von Hampel & Petermann (2003): Dieses Training fokussiert ebenso einen verbesserten Umgang mit Stress. Es handelt sich um ein kognitiv-behaviourales Stressbewältigungstraining, welches die Wahlmöglichkeit für unterschiedlichen Variationen zulässt, (z. B. mit Elternbeteiligung, ohne Elternbeteiligung, als Kurzversion oder Baustein für andere Interventionsprogramme).

Stressbewältigung im Jugendalter von Beyer & Lohaus (2006): Dieses Programm zielt auch auf die Stressbewältigungskompetenz. Es vermittelt Problemlöse-strategien, widmet sich der Bearbeitung von Stressbezogenen Kognitionen, dem Thema soziale Unterstützung, und vermittelt Entspannungstechniken und Zeitmanagementstrategien.

Schlussfolgernd kann festgehalten werden, das Metaanalysen von Trainingsprogrammen zur Stressbewältigungskompetenz (diese berufen sich auf insgesamt 19 Evaluationsstudien) zusammenfassend eine befriedigende Wirkung aufzeigen und insgesamt positiv zu bewerten sind. Stresssymptome konnten reduziert und Bewältigungsstrategien konnten aufgebaut werden (Lohaus & Domsch 2009 S. 139 zit. n. Kraag, Zeegers, Kok, Hosman & Abu-Saad 2003). Inwiefern diese Trainingsprogramme sich auf das Sozialverhalten auswirken, zeigte sich nicht eindeutig (Lohaus & Domsch 2009 S. 139).

Problemlösen

Probleme lösen zu können beinhaltet die Fähigkeit, komplexe Zusammenhänge verstehen und reflektieren zu lernen. Darüber hinaus ist die Fähigkeit gemeint, Lösungsstrategien zu entwickeln und umzusetzen. Dabei kann der Rückgriff auf vorhandenes Wissen eine Voraussetzung sein (Rönnau-Böse & Fröhlich-Gildhoff 2010 S. 22). Fertigkeiten zum Probleme lösen zeigen sich als „lebens- und lernbereichsübergreifende Kompetenz". Für die Bewältigung von Schwierigkeiten ist diese Kompetenz unentbehrlich. Auch ist diese Fähigkeit wichtig, um in belastenden Situationen Entscheidungen fällen zu können (Fröhlich-Gildhoff & Rönnau-Böse 2009 S. 53).

Es ist die Fähigkeit

„komplexe, fachlich nicht eindeutig zuzuordnende Sachverhalte gedanklich zu durchdringen und zu verstehen, um dann unter Rückgriff auf vorhandenes Wissen Handlungsmöglichkeiten zu entwickeln, zu bewerten und erfolgreich umzusetzen" (Fröhlich-Gildhoff & Rönnau-Böse 2009 S. 53 zit. n. Leutner et al. 2005 S. 125).

Laux (1992) unterteilt Problemlösungsfähigkeiten in weitere Teilkompetenzen:

- „• Entdeckungskompetenz,
- Zielfindungskompetenz,

- Planungskompetenz,
- Entscheidungskompetenz,
- Handlungskompetenz"

(Fröhlich-Gildhoff & Rönnau-Böse 2009 S. 53 zit. n. Laux 1992).

Bei einer erfolgreichen Lösung von Problemen werden die allgemeinen kognitiven und „wissensunabhängigen Kompetenzen" weiter entwickelt (Fröhlich-Gildhoff & Rönnau-Böse 2009 S. 53 zit. n. Hüther & Dohne 2006). Damit es auch dazu kommt, ist es wichtig, dass Kinder nicht über-, aber auch nicht unterfordert sind. Vygotskij (2002) betont in diesem Zusammenhang, dass es wichtig ist, bei Kindern die Zone der nächsten Entwicklung zu beachten. D. h., dass bei jedem Kind der jeweils darauf folgende Entwicklungsschritt berücksichtigt werden muss. Dabei ist es von Bedeutung, dass die Probleme von aktueller Natur sind, direkt angegangen werden und dass die Kinder diese selbst lösen wollen (Fröhlich-Gildhoff & Rönnau-Böse 2009 S. 53 zit. n. Vygotskij 2002).

Im Folgenden wird ein sechsstufiger Problemlösezyklus nach Meichenbaum (1995) vorgestellt:

„1. Problemanalyse,

2. Benennung von Alternativen und Möglichkeiten,

3. Beschaffung näherer Informationen unter Berücksichtigung der Ziele,

4. Auflistung der Vor- und Nachteile aller Möglichkeiten,

5. Entscheidungsfindung und Benennung,

6. Überprüfung der Entscheidung ggf. Modifikation"

(Fröhlich-Gildhoff & Rönnau-Böse 2009 S. 53 zit. n. Meichenbaum 1995).

Ein Problemlösezyklus enthält verschiedene Strategien:

„• Versuchs-/Irrtumsverhalten: Bei diesem Verhalten versucht die Person durch unspezifisches Ausprobieren zu einer Lösung zu kommen.

- Systematische Ziel-/ Mittelanalyse: Das Problem wird in Teilbereiche unterteilt, um schrittweise zum Ziel zu gelangen.

- ‚Problemlösen durch Analogie: mit diesem Verfahren werden bereits bekannte Lösungsstrukturen auf ein neues Problem angewandt' (Beinbrecht, 2003, 54); es werden also Strukturen bisher bekannter Problemlösungen zu einer Orientierung genutzt, um das aktuell vorliegende Problem zu lösen.

- ‚Situations- und Zielanalyse' (Beinbrecht 2003, 54): Hier wird das Problem auf die Bedeutung hin untersucht, d. h. zu fragen, in welcher Beziehung steht es zu mir, was möchte ich oder auch nicht.

- ‚Vorwärts- und Rückwärtssuche' (Dörner 1976): hierbei geht es darum, nicht nur vom Anfangszustand zu einem Endzustand nach Lösungsmöglichkeiten zu suchen, sondern sich auch die Situation bzw. das Problem vom Endzustand her zu betrachten und Wege zur Ausgangssituation zu finden."

(Fröhlich-Gildhoff & Rönnau-Böse 2009 S. 54)

Bereits sehr kleine Kinder verfügen über Problemlösungsfertigkeiten. Sie sind schon in der Lage, ganz einfache Zusammenhänge zu begreifen. Mit zunehmendem Alter werden die Problemlösestrategien komplexer (Fröhlich-Gildhoff & Rönnau-Böse 2009 S. 54).

Förderung mehrerer Resilienzfaktoren

In der Literatur finden sich auch Präventionsprogramme, welche mehrere Resilienzfaktoren thematisieren. Trotz einer Förderung der Resilienzfaktoren darf man nicht vergessen, dass die Risikofaktoren weiter bestehen bleiben und dadurch sozusagen nicht einfach „abgeschafft" werden. Sie ermöglichen lediglich der Person einen Einstieg, mit den Risikofaktoren wirkungsvoller umzugehen (Werner 2008 S. 29). Vor dem Hintergrund der Präventionspraxis geht es also nicht darum, eine Veränderung der Rahmenbedingungen herbeizuführen, sondern Handlungsweisen und Orientierungen sollen den Umgang mit den Risikofaktoren erleichtern. Folgende Präventionsbeispiele können aufgeführt werden.

Verhaltenstraining im Kindergarten von Koglin & Petermann (2006): Der Fokus dieses Programms liegt auf der Förderung der sozial-emotionalen Kompetenz. Dazu werden die Kinder in den Bereichen der emotionalen Kompetenz, des sozialen Problemlösens und in sozialen Fertigkeiten gefördert. Es hat das Ziel erste Anzeichen von Verhaltensproblemen zu verringern.

Verhaltenstraining für Schulanfänger von Petermann (2006): Dieses Programm richtet sich explizit auf die kritische Lebensphase (erhöhte Vulnerabilität) des Schuleintritts. Damit die Kinder an dieser neuen Herausforderung wachsen und nicht mit ungünstigem Sozialverhalten – wie z. B. oppositionellem oder aggressivem Verhalten reagieren, fördert dieses Programm die sozialen und emotionalen Kompetenzen bei Schulanfängern.

Verhaltenstraining in der Grundschule von Petermann (2007): Dieses Verhaltenstraining ist ein alltagsgerechtes Präventionsprogramm, welches die Förderung der emotionalen und sozialen Kompetenz zum Ziel hat. Explizit geht es um die Förderung der Selbst- und

Fremdwahrnehmung und um den Umgang mit negativen Gefühlen wie z. B. Wut. Die Kinder lernen eigenständige Konfliktbewältigung mit Hilfe eines Problemlöseplans zu erstellen und werden durch praktische Übungen in der Entwicklung sozialer Kompetenzen unterstützt. Darüber hinaus werden die Kinder beim Aufbau von Wertmaßstäben im Hinblick auf Fairness, Selbstverantwortung und Zivilcourage gefördert. So wird der Aufbau von prosozialem Verhalten systematisch vorangetrieben.

Du bist klasse! Kinder stark machen – Resilienzförderung im Kindergarten von Klappstein (2007): In diesem Trainingsprogramm werden dem Kind anhand biblischen Geschichten stärkende Quellen nahe gebracht. Die Kinder werden auf spielerische Art und Weise an schwierige Situationen (z. B. Streiten, Scheidung, Verlust) herangeführt. Daraufhin sollen sie für die Entwicklung von Lösungsmöglichkeiten ermutigt werden.

Papilio von Scheithauer & Mayer (2010): Das Papilio- Programm ist ein entwicklungsorientiertes primärpräventiv ausgerichtetes Programm zur Vorbeugung von Verhaltensproblemen. Es setzt bei Kindergartenkindern an. Ziel dieses Programm ist es Resilienzfaktoren zu fördern und Risikobedingungen zu vermindern. Damit soll eine angepasste Entwicklung gewährleistet sein. Es hat die Förderung der emotionalen und sozialen Kompetenz im Fokus. Es fundiert auf den Erkenntnissen, dass insbesondere diese Kompetenzen in einem negativem Zusammenhang mit dem Auftreten der Störung des Sozialverhaltens und dem Auftreten von Substanzkonsum stehen (s. Abbildung 4). Außerdem unterliegen beide Störungen einer ähnlichen Risikokonstellation (Mayer, Heim & Scheithauer 2007 S. 2 zit. n. Mayer et al. 2004). Dieses Programm unterliegt daher der Annahme, dass beide Problemverhaltensweisen durch ein einziges Programm thematisiert werden können (Mayer, Heim & Scheithauer 2007 S. 2).

Lebenskompetenzprogramme

Seit dem Beginn der 90er Jahre verbreitete sich der Begriff „Lebenskompetenzförderung". Bei diesen sogenannten „engl.: Life Skills" (von der WHO 1994 beschrieben) handelt es sich um Faktoren, die mit den aufgeführten Resilienzfaktoren korrelieren. Sie spielen darüber hinaus in der Prävention von Problemverhaltensweisen und in Bezug auf das gesundheitsbezogene Risikoverhalten eine Rolle. In der Gesundheitsförderung gilt dieser Ansatz im Moment als zukunftsweisend (Jerusalem & Meixner 2009 S.154).

„Lebenskompetent ist, wer

sich selbst kennt und mag,

empathisch ist,

kritisch und kreativ denkt,

kommunizieren und Beziehungen führen kann,

durchdachte Entscheidungen trifft,

erfolgreich Probleme löst

Gefühle und Stress bewältigen kann"

(Bühler & Heppekausen 2005 S. 16 zit. n. WHO 1994).

Es handelt sich im weitesten Sinn um psychosoziale Fähigkeiten, die Kinder zu einem adäquaten Umgang mit Anforderungen und Schwierigkeiten des alltäglichen Lebens rüsten. Empfehlungen der WHO laufen darauf hinaus, diese Lebenskompetenzen als Grundlagen für Präventions- und Interventionsmaßnahmen einzusetzen (Fröhlich-Gildhoff & Rönnau-Böse 2009 S. 41). Bereits bestehende Programme, welche die Lebenskompetenz fördern, sind z B.:

> *Allgemeine Lebenskompetenzen und Fertigkeiten (ALF)* von Walden (1998): Dieses Präventionsprogramm umfasst den Problembereich des Substanzkonsums im frühen Jugendalter. Das Programm ALF ist primärpräventiv ausgerichtet und auf den schulischen Kontext längerfristig angelegt. Über die Stärkung der Persönlichkeit und der Lebenskompetenzen wird versucht den Gebrauch und Missbrauch von psychoaktiven Substanzen zu vermeiden. Darüber hinaus werden auch weitere problematische Inhalte wie z. B. die Konsequenzen des Tabakkonsums thematisiert (Jerusalem & Meixner 2009. S. 145).
>
> *Lebenskompetenzprogramm (IPSY) (Information + psychosoziale Kompetenz = Schutz)* von Weichold & Silbereisen (2009): Dieses Präventionsprogramm fokussiert ebenso die Thematik des Substanzmissbrauchs im frühen Jugendalter. Dabei werden substanzspezifische Kompetenzen und grundlegenden Lebenskompetenzen gefördert.

Die Förderung der Lebenskompetenz gilt derzeit als „der erfolgreichste Einzelansatz in der ressourcenorientierten Gesundheitsförderung" (Jerusalem & Meixner 2009 S. 141). Er spielt eine bedeutsame Rolle in Bezug auf die Prävention von Problemverhaltensweisen und von gesundheitsbezogenem Risikoverhalten. Das besondere ist die Ressourcenorientierung und das frühzeitige Einsetzen sowie eine längerfristige Kontinuität. Die Wirksamkeitsnachweise zeigen insgesamt positive Effekte (Jerusalem & Meixner 2009 S. 154f.).

Resilienzförderung auf der Beziehungsebene

Im Folgenden wird auf den zweiten Förderaspekt der Resilienz auf die Beziehungsebene eingegangen. Präventionsprogramme dieser Ebene sind sehr vielfältig (Lösel et al. 2006 S. 128 zit. n. Farrington & Welsh 2003, Tremblay & Japel 2003, Utting 2003, Wasserman & Miller 1998).

Zunächst wird zwischen der Resilienzförderung innerhalb der Familie und der Resilienzförderung außerhalb der Familie unterschieden.

Familie

In der Wissenschaft wurde immer wieder ein Zusammenhang zwischen dem Erziehungsverhalten der Eltern und einer psychischen Störung beim Kind entdeckt. Auch bei einer Störung des Sozialverhaltens liegen entsprechende Verhältnisse vor. Die Eltern-Kind-Interaktion umfasst zum einen die Erziehungsqualität, und zum anderen die Interaktionsqualität. Die Qualität der Erziehung gehört zu den stärksten potenziell veränderbaren Risikofaktoren in Bezug auf kindliche Verhaltensauffälligkeiten (Heinrich & Nowak 2009 S. 293; Heinrichs et al. 2002 S. 171). Für eine Prävention der Störung des Sozialverhaltens gibt es etliche Programme, welche die elterlichen Erziehungskompetenzen in der Eltern-Kind-Interaktion fördern (Lösel 2008 S. 4 zit. n. Lundahl, Risser & Lovejoy 2006). Hier geht es vor allem um die Stärkung folgender Bereiche:

„• Die Bindungsentwicklung zwischen Mutter und Kind im Säuglings- und Kleinkindalter (Toth et al., 2006),

• die elterliche Sensitivität und Responsivität für kindliche Bedürfnisäußerungen (Dozier et al., 2006),

• die elterliche Kompetenz, in dem das Kind zur Selbstregulation (bei überschießendem Temperament und Stress) angeleitet wird (Fischer et al., 2005),

• die Bewältigung von eigenen Partnerschaftsproblemen und depressiver Stimmungslage (Webster-Stratton & Reid, 2006),

• die Erziehungskompetenz, die geeignet ist, prospektive Schemata und Bewältigungsfertigkeiten beim Kind zu befördern (vgl. Petermann & Petermann 2006)"

(Noeker & Petermann 2008 S. 261).

Vor diesem Hintergrund (vor allem dem letztgenannte Aspekt) wurden von Brook & Goldstein (2006) zehn Leitlinien erstellt, welche die Resilienz über die Stärkung der Eltern-Kind-Interaktion und über einen funktionalen Erziehungsstil fördern:

„1. Empathie für die Empfindlichkeit und Bedürfnisse des Kindes,

2. effektive Kommunikation und aktives Zuhören,

3. negative Interaktionsrituale mit dem Kind unterbrechen und verändern,

4. Kindern Wärme und Liebe zum Ausdruck bringen, so dass sie sich einzigartig und wertgeschätzt fühlen,

5. das Kind in seiner Persönlichkeit annehmen und es unterstützen, realistische Ziele und Erwartungen herauszubilden,

6. Kindern Erfolgserlebnisse vermitteln und so ihre Selbstwirksamkeitserwartungen und ‚Inseln der Kompetenz' erfahrbar machen,

7. Kindern die Erfahrung vermitteln, dass Misserfolge keine Niederlage darstellen, sondern Erfahrungen und Rückmeldungen sind, aus denen das Kind wirksam lernen kann, die Effektivität seines Verhaltens zu optimieren,

8. soziales Verantwortungsbewusstsein stärken durch Übertragung von Aufgaben und Pflichten für die Familie oder soziale Gruppen,

9. dem Kind ein Modell bieten für effektive Problemlösung und Entscheidungsfindung,

10. Disziplinierung und erzieherische Grenzsetzung bei Fehlverhalten des Kindes in einer Weise gestalten, dass die Fähigkeit zur Selbstregulation gestärkt und der Selbstwert des Kindes nicht geschwächt wird"

(Noeker & Petermann 2008 S. 261 zit. n. Brook & Goldstein 2006).

Es gibt Programme die ausschließlich die Eltern ansprechen (Heinrichs et al. 2002 S. 172). Sie unterscheiden sich je nach Schwerpunkt, theoretischer Fundierung, Zielgruppen fokussiertem Problemverhalten etc. Typisch in diesem Zusammenhang sind Gruppentrainings, die ein positives Erziehungsverhalten und die Interaktionsqualität insgesamt fördern (Lösel et al. 2006 S. 128; Wustmann 2009 S. 133). Teils findet man die entsprechenden Vorgehensweisen in Kombination mit Kindertrainings wieder (Lösel 2008).

Im später vertieften Programm: *„Kinder Stärken!* werden die Eltern bereits früh integriert. Hier zeigt sich:

„Je früher die schützende Wirkung einer verbesserten elterlichen Erziehungskompetenz einsetzt, desto nachhaltiger sind die Effekte" (Armbruster 2007 S. 20).

Deshalb findet man in diesem Zusammenhang vorwiegend universelle und selektive Präventionsmaßnahmen (Heinrichs et al. 2002 S. 172). Folgende Beispiele können genannt werden:

Kompetenztraining für Eltern sozial auffälliger Kinder (KES) von Lauth & Heubeck (2006): Dieses Trainingsprogramm zielt explizit auf Eltern mit Kindern, die eine Störung des Sozialverhaltens aufzeigen. Es verfügt über einen speziellen Ablauf: Anfangs wird ein Vorgespräch zur Diagnostik und Indikationsklärung durchgeführt. Anschließend wird langsam ein Veränderungsbewusstsein gefördert. Positive Spielzeiten werden eingeführt. Familiäre Stresssituationen werden analysiert: (Wahrnehmung eigener Gefühle, Änderung dysfunktionaler Abläufe). Die letzten Sitzungen widmen sich dem Erziehungsverhalten der Eltern. Das Programm fundiert auf dem bio-psychosozialen Störungsmodell (s. Abbildung 3). Das Training setzt bei einer Förderung der Eltern-Kind-Interaktion an und richtet den Fokus auf entsprechende Alltagsschwierigkeiten (Heinrich & Nowak 2009 S. 297).

Kess-erziehen von Horst & Heeg (2005): Dieses Präventionsprogramm ist von der Arbeitsgemeinschaft für katholische Familienbildung e.V. (AKF). Der fokussierte Problembereich dieses Trainings ist die Prävention von Erziehungsproblemen und die allgemeine Elternbildung.

Systematic Training for Effective Parenting (STEP) von Dinkmeyer & McKay (1997): Dieses Präventionsprogramm gibt Hilfestellung bei kindlichen Problemen, wie einem ausgeprägten hyperkinethischen Syndrom.

Abgesehen von dem Risikofaktor des Erziehungs- und Interaktionsverhaltens innerhalb der Familie, können weitere Risikofaktoren, welche ebenso die Familie insgesamt betreffen, beachtet werden. So gibt es Präventionsprogramme, welche die Förderung des Umgangs bei kritischen Lebensereignissen thematisieren. Als Beispiel kann hier die psychische Erkrankung eines Elternteils genannt werden. Sie enthält ein beachtliches Risikopotenzial (Röhrle & Christiansen 2009 S. 259.) Dazu findet man z. B. folgendes Präventionsprogramm:

Hoffnung, Sinn und Kontinuität – Ein Programm für Familien depressiv erkrankter Eltern von Beardslee (2009): Dieses Trainingsprogramm, richtet sich an Kinder affektiv erkrankter Eltern zur Prävention (primär, sekundär und tertiär) von psychischen Störungen. Hier wird explizit das Ziel formuliert, die Eltern bezüglich der Depression zu unterrichten und sie diesbezüglich über Risiko- und auch Resilienzfaktoren der Kinder aufzuklären. Außerdem sollen sie die Bedürfnisse der Kinder erkennen lernen. Es wird Hilfestellung bei der Planung der Zukunft geben. Auch Kommunikationsstrategien über die Erkrankung und die damit in Verbindung stehenden Schwierigkeiten werden vermittelt. Ebenso werden neue Verhaltensweisen in Bezug auf die Einstellung gegenüber der Erkrankung vermittelt. Darüber hinaus werden Bewältigungsstrategien zur Erhöhung der Resilienz und zur Verbesserung der Kommunikation gegeben (Röhrle & Christiansen 2009 S. 261f.).

Zu den sicherlich gravierendsten Risikofaktoren in der kindlichen Entwicklung zählen der Tod, eine Trennung oder Scheidung der Eltern (Beelmann 2009 S. 270). Folgendes Präventionsprogramm, welches die Trennung der Eltern thematisiert kann genannt werden:

Gruppentraining mit Kindern aus Trennungs- und Scheidungsfamilien von Jaede, Wolf & Zeller-König (1996): Das Ziel dieses Präventionsprogramm ist es, eine neue und normalisierte Sichtweise über die Trennungs- und Scheidungsprozesse zu vermitteln. Darüber hinaus wir die gegenseitige Solidarität der betroffenen Kinder und Jugendlichen gefördert und Bewältigungsstrategien werden eingeübt.

Bei Beelmann (2009) findet man noch weitere gelistete Beispiele von Gruppeninterventionsprogramme für Kinder mit getrennt lebenden oder geschiedenen Eltern (S. 283-287).

Beziehungen außerhalb der Familie

Basis für jegliche Resilienz ist eine positive Beziehung zum Kind. Damit sind Beziehungen nicht nur zwischen den Eltern und dem Kind gemeint, sondern auch die Beziehungen zu Personen außerhalb der Familie (Rönnau-Böse & Fröhlich-Gildhoff 2010 S. 46). In allen oben zitierten Studien der Resilienzforschung konnte man herausfinden, dass der Faktor der emotionalen Unterstützung (z. B. über Großeltern, ErzieherInnen, ältere Geschwister, LehrerInnen) eine enorm hohe protektive Wirkung auf die kindliche Entwicklung ausübt und somit von elementarer Bedeutung ist.

Werner (2001) resümiert:

„die Lebensgeschichte der widerstandsfähigen Kinder lehrt uns, dass sich Kompetenzen, Vertrauen und Fürsorge auch unter sehr ungünstigen Lebensbedingungen entwickeln können, wenn sie Erwachsene treffen, die ihnen eine sichere Basis bieten, auf der sich Vertrauen, Autonomie und Initiative entwickeln können" (Werner & Smith 2001 S. 202).

Bei Mädchen fand man heraus, dass ihre Beziehung zu LehrerInnen wesentlich dazu beitrug, wie sie sich im Erwachsenenalter entwickelten (Rönnau-Böse & Fröhlich-Gildhoff 2010 S. 46 zit. n. Werner 1993). Auch andere Studien belegen diese Tatsache eindrucksvoll. In einer Studie von Baker (2006) wurden verhaltensauffällige Grundschüler untersucht. Auch hier konnte gezeigt werden, dass eine gute Beziehung zu den LehrerInnen die Entwicklung der schulischen Leistungen verbesserte (Baker 2006 S. 220).

Diese Erkenntnisse weisen darauf hin, dass Resilienzförderung auch im schulischen Kontext unter Einbezug der LehrerInnen von Bedeutung ist.

Wie sich solche Beziehungen gestalten, ist also von zentraler Bedeutung. In erster Linie geht es dabei um eine bedingungslose Wertschätzung und Unterstützung. Dabei schafft echtes Interesse dem Kind gegenüber eine Vertrauensbasis von enormer Wichtigkeit (Rönnau-Böse & Fröhlich-Gildhoff 2010 S. 46): Vorgelebtes konstruktives Bewältigungsverhalten und prosoziales Verhalten im Umgang mit Konflikten stärkt das Selbstbewusstsein einer Persönlichkeit nachhaltig (Bengel, Meinders-Lücking & Rottmann 2009 S. 106ff.).

Publikationen, die das Thema Resilienzförderung auf der Beziehungsebene außerhalb der Familie thematisieren finden sich kaum. Ein Beispiel konnte jedoch ausfindig gemacht werden:

Resilienzförderung in der SPFH (Sozialpädagogische Familienhilfe): von Frindt (2009): Hier wird das Thema wie soziale Ressourcen außerhalb der Familie genutzt werden können behandelt.

Reduktion von Aggression

In der Literatur findet man oftmals Programme, die das Symptom der Aggression fokussieren. Diese setzten sowohl auf der individuellen Ebene, wie auch auf der Beziehungsebene an (Essau & Conradt 2004 S. 170).

Der Hintergrund dieser Präventionsprogramme ist, dass das Symptom der Aggression eine geringe Neigung zur Rückbildung zeigt. Ein ausgeprägtes aggressives und gewalttätiges Verhalten ist schon ab dem 5. Lebensjahr beobachtbar (Steinhausen 2000 S. 232). Daher verspricht das übergeordnete Ziel von Präventionsmaßnahmen mit dieser Ausrichtung, die Reduktion von aggressiven Verhaltensweisen an (Stemmler & Hacker 2009 S. 16). Die Präventionsprogramme bieten die Möglichkeit die Risikofaktoren zu reduzieren und die Schutzfaktoren zu erhöhen (Essau & Conradt 2004 S. 170).

Die theoretischen Fundamente dieser Programme basieren in der Regel auf den Theorien über die Entstehung und Verfestigung von aggressivem Verhalten. In der Regel umfassen sie universelle und selektive Präventionsmaßnahmen (Stemmler & Hacker 2009 S. 16). Folgende Beispiele können genannt werden:

Training mit aggressiven Kindern von Petermann (2008b): Dieses Interventionsprogramm setzt nicht nur am Problemverhalten an, sondern fördert darüber hinaus folgende Resilienzfaktoren: die Selbst- und Fremdwahrnehmung, die Selbststeuerung und die soziale Kompetenz. Der Fokus liegt auf dem Erlernen einer besseren Konfliktbewältigung.

Sozialtraining in der Schule von Petermann et al. (2008): Dieses Trainingsmanual bietet Schulen, die mit Gewalt, Vandalismus, Rückzug und Apathie konfrontiert sind die Möglichkeit Verhaltensauffälligkeiten vorzubeugen. Die geschieht primär über die Förderung der sozialen Fertigkeiten.

Ich kann Probleme lösen (IKPL) von Lösel et al. (2006): Dieses Präventionsprogramm fokussiert Verhaltensauffälligkeiten bei Grundschulkindern. Es ist ein universelles Präventionsprogramm zur Förderung der sozial-kognitiven Fähigkeiten und der sozialen Kompetenz. Das erlernen dieser Fertigkeiten, soll ein verträgliches Problemlösen bei Alltagskonflikten fördern, was letztendlich auf eine Reduktion von Verhaltensauffälligkeiten abzielt. IKPL kann durch ein Training mit den Eltern ergänzt werden. Dieses Elterntraining wurde von der gleichen Arbeitsgruppe entwickelt (Lösel, Bellmann, Jaursch, Koglin & Stemmler

2005). Das Eltern- und das Kindertraining können in Kombination oder auch einzeln durchgeführt werden. In Kombination finden sie sich unter dem Titel EFFEKT (Entwicklungsförderung in Familien: Eltern- und Kindertraining) (Stemmler & Hacker 2009 S. 5f.).

EFFEKT (Entwicklungsförderung in Familien: Eltern- und Kindertraining) von Lösel et al. (2010a): Effekt ist eine Kombination aus einem Kindertraining *IKPL* und einem Elterntraining. Beim Elterntraining geht es um die Förderung der Erziehungskompetenzen. Somit verfolgt dieses Präventionsprogramm das langfristige Ziel eine positive Eltern-Kind-Beziehung zu stärken. Außerdem sollen die Belastungen und der Stress der Eltern vermindert werden (Lösel et al. 2010b).

Verhaltenstherapeutisches Intensivtraining zur Reduktion von Aggression: Multimodales Programm für Kinder, Jugendliche und Eltern von Grasmann & Stadler (2009): Das Verhaltenstherapeutische Interventionstraining zur Reduktion von Aggression (VIA) berücksichtigt zum einen die familiären Risikofaktoren und zum anderen die Persönlichkeit des Kindes.

Freiburger Anti-Gewalt-Training (FAGT) von Fröhlich-Gildhoff (2006): Dieses Programm ist Kind- und Elternzentriert ausgerichtet und hat darüber hinaus noch die Ziele bei den Kindern und Jugendlichen Selbst- und Fremdwahrnehmung, die Selbststeuerung und die soziale Kompetenzen zu fördern.

Warum der kleine Löwe immer bissiger wird: Frühe Intervention bei einem aggressiven Kind von Aichinger (2007): Dies ist ein differentielles Interventionskonzept mit Elementen des Kinderpsychodramas, der Familien- und Gruppentherapie, sowie Interventionen in der Schule.

Ein weiteres Programm in diesem Zusammenhang ist das *FAUSTLOS-Curriculum* von (Cierpka 2008; Schick & Cierpka 2008): Dieses wird unten eingehend dargestellt.

Eine gute Übersichtsarbeit zum Thema *Maßnahmen zur Prävention von Gewalt an Schulen im deutschsprachigen Raum* findet man bei Kliegel, Zeintl & Windemuth (2009) und auch bei Melzer (2006).

Die Prävention zur Reduktion von Aggression verfolgt folgende Prinzipien:

„•   Interventionen die früh beginnen und sich über einen langen Zeitraum erstrecken, sind mit großer Wahrscheinlichkeit effektiv.

•   Intensivere Programme (d. h. in Bezug auf Kontakt und Beteiligung) sind mit großer Wahrscheinlichkeit effektiv, insbesondere für diejenigen, die regelmäßig daran teilnehmen und die Fähigkeiten, die ihnen dort vermittelt werden, auch einsetzten.

•   Am effektivsten sind umfassende Programme, die auf viele Bereiche eingehen und soziale, gesundheitsbezogene und kognitive Komponenten beinhalten, die das Kind und die Familie ansprechen, und die auch der Familie dabei helfen, andere grundlegende Bedürfnisse zu erfüllen.

- Nicht alle profitieren in gleichem Maße von Präventionsmaßnahmen. Nicht jeder erfährt eine Verbesserung, und nicht jeder nimmt bis zum Schluss am Programm teil.
- Anfänglich positive Effekte können sich verringern, wenn das Kind keine positive Unterstützung durch seine Umwelt erfährt"

(Essau & Conradt 2004 S. 171 modifiziert nach Ramey/Ramey 1998).

Inzwischen finden sich zahlreiche Präventionsprogramme zu diesem Thema. Zusammenfassend können Ansatzpunkte an folgenden Schwerpunkten genannt werden:

„• Elterntrainings zur Förderung der Erziehungskompetenzen (z. B. Dishion & Patterson 1996; Sanders, Markie-Daddy, Tully & Bor 2000)
- Soziales Kompetenztraining für Kinder (z. B. Spivack & Shure 1989; Webster-Stratton & Taylor 2001)
- Kombinierte Programme für Eltern und Kinder, sowie teilweise auch Lehrer (z. B. Conduct Problem Prevention Reseach Group 1999; Tembley, Pagani-Kurtz, Vitaro, Masse & Pihl 1995)
- An den Kindern, Eltern, Gleichaltrigen und dem sozialen Kontext in der Gemeinde ansetzende Maßnahmen (z. B. Hawkins et al., 1992; Henggeler, Schoenwald, Borduin, Rowland & Cunningham 1998)
- Anti-Bullying Programm in Schulen (z. B. Olweus & Limber 1999)"

(Lösel 2008 S. 4).

Des Weiteren kann gesagt werden, dass diese Präventionsmaßnahmen den gesamten Bereich des Kindes- und Jugendalters abdecken. Alle Programme zählen zu den kognitiv-behavioralen Ansätzen. Das gemeinsame Ziel ist die Reduktion von aggressiven Verhaltensweisen und die Steigerung der sozialen Kompetenz. Unter letzterem Punkt sind vor allem die soziale Wahrnehmung und das Erkennen von Gefühlen zu nennen. Ein weiteres Ziel ist darüber hinaus die Generierung von kognitive Problemlösung bei sozialen Konflikten (Stemmler & Hacker 2009 S. 15f.).

Evaluationsstudien mit äquivalenten Kontrollgruppen, einem Vorher-Nachher-Vergleich und Follow-up-Erhebungen, zur Prüfung von nachhaltigen Programmeffekten, sind nach wie vor selten. Hier ist ein Forschungsdefizit ersichtlich, welches dringend Nachholbedarf erfordert. Darüber hinaus sollten auch zugrundeliegende bekannte Wirkmechanismen und Effizienzanalysen untersucht werden (Stemmler & Hacker 2009 S. 16).

Programmbeispiele

Im Folgenden werden die Programme *FAUSTLOS* von Cierpka (2001) und *Kinder Stärken! Prävention und Resilienzförderung in Kindertageseinrichtungen (PRiK)* von Fröhlich-Gildhoff et al. (2007) genauer vorgestellt.

„**FAUSTLOS- Curriculum**"

FAUSTLOS ist ein Curriculum zur Prävention von aggressivem und gewaltbereitem Verhalten. Es richtet sich zum einen an Kindergartenkinder und zum anderen an Grundschulkinder der 1–3.Klasse. Die AutorInnen von FAUSTLOS sind Cierpka unter Mitarbeit von Schick, Ott, und Egloff (Bühler & Heppekausen 2005 S. 129). Das Programm orientiert sich am amerikanischen Konzept *Second Step* von Beland (1988) (Stemmler & Hacker 2009 S. 12 zit. n. Beland 1988, Grossman et al. 1997) Es wird europaweit weiterentwickelt (Stemmler & Hacker 2009 S. 12), vor allem in Skandinavien, aber auch in Deutschland (Schick & Cierpka 2008 S. 238). Das *FAUSTLOS-* Konzept wurde im Sinne der Primärprävention konzipiert (Schick & Cierpka 2008 S. 239). Das wesentliche Ziel dieses Programms ist die Gewaltprävention (Bühler & Heppekausen 2005 S. 129; Stemmler & Hacker 2009 S. 12). Es spricht die Förderung der sozial-emotionalen Kompetenz und die Empathieförderung, die soziale Perspektivenübernahme, die Impuls- bzw. Selbstkontrolle (Frustrationstoleranz) und die Konfliktlösungsfertigkeiten an (Stemmler & Hacker 2009 S. 12). Dadurch, dass das Programm alle Kinder einer Kindergartengruppe, bzw. einer Grundschulklasse, anspricht, sind gefährdete Kinder, die Aggressionen und Gewaltbereitschaft aufbringen, vor Stigmatisierung und Ausgrenzung geschützt. Andere Kinder, die ebenfalls angesprochen werden, profitieren besonders von den erlernten prosozialen Fertigkeiten. Darüber hinaus können auch sozial unsichere Kinder neue Kompetenzen erwerben (Stemmler & Hacker 2009 12).

Steckbrief: Das FAUSTLOS- Curriculum

Zielgruppe	Version für Kindergartenkinder; Version für Grundschulkinder (1. – 3. Klasse)
Umfang	28 Lektionen Kindergartenkurrikulum 1-2 Einheiten / Woche 51 Lektionen à 3 Einheiten Grundschulcurriculum 2-3 Lektionen / Woche
Art des Trainings	Manualisiertes Gruppentraining 6-15 Teilnehmer, 1-2 Kursleiter
Umsetzung	Das FAUSTLOS- Curriculum lässt sich im öffentlich- pädagogischen Raum im Rahmen des Kindergartenalltags bzw. Schulunterrichts implementieren
Inhalte/Themen	Grundschulcurriculum • Empathieförderung • Impulskontrolle • Umgang mit Ärger und Wut
Materialien	Kindergarten: FAUSTLOS- Koffer:; 2 Handpuppen (Wilder Willi, Ruhiger Schneck); Fotokartons Grundschule: Handbuch, Anwendungsheft, Bildmaterialien (in Form von Fotofolien)
Methoden	Entspannungstechniken, Rollenspiele, Selbstinstruktionen, kognitive Problemlösetechniken, Empathietraining

Tabelle 4: Steckbrief: „FAUSTLOS- Curriculum"

(Quelle modifiziert nach Cierpka 2008 S. 238; Wustmann 2009 S. 128f.; Stemmler & Hacker 2009 S.12f.)

Rahmenbedingungen

Für einen Kindergarten kann das FAUSTLOS- Curriculum in den normalen Betreuungsalltag implementiert werden. Das Curriculum für die Grundschüler kann als Bestandteil der Sozialkunde im Sachunterricht, im Religionsunterricht, oder im Deutschunterricht durchgeführt werden. Das Training kommt während der ersten drei Schuljahre im gesamten Klassenverband zum Einsatz. Im 4. Grundschuljahr können Teilaspekte ergänzt und wiederholt werden. Eine entsprechende Lehrkraft führt das Programm durch (Stemmler & Hacker 2009 S. 12).

Programmkonzept

Das Programm vermittelt den Kindern alters- und entwicklungsadäquate prosoziale Kenntnisse und Fähigkeiten (Bengel, Meinders-Lücking & Rottmann 2009 S .121f.). Für die jüngeren ist es weniger komplex angelegt als für die älteren Kindern (Stemmler & Hacker 2009 S. 13).

Das Curriculum untergliedert sich in folgende 3 Einheiten:

Empathieförderung

Impulskontrolle

Umgang mit Ärger und Wut.

Die „*Empathieförderung*" umfasst denjenigen Förderungsaspekt, bei dem Kinder lernen sollen, ihren emotionalen Zustand einzuschätzen. Es geht auch darum, sich in andere Menschen hineinzuversetzen und auch emotional angemessen reagieren zu können. Dabei lernen die Kinder Emotionen, wie Freude, Trauer, Ärger, Überraschung, Angst und Ekel, zu differenzieren. Dies soll anhand von physischen und situativen Anhaltspunkten geübt werden. Auch soll absichtliches von unabsichtlichem Verhalten unterschieden werden. Gefühle werden in Form von Ich-Botschaften ausgedrückt (Stemmler & Hacker 2009 S. 12 zit. n. Kirchheim 2005).

Die „*Impullskontrolle*" verfolgt das Ziel, dass Kinder durch verbale Selbstinstruktion wichtige kognitive Strukturen für Problemlösungen erlernen können. Zunächst geht es um die Strategie zur Reduktion von impulsivem und aggressivem Verhalten. Dabei werden individuelle Denk- und Handlungsweisen eingegliedert. Man übt Rollenspiele anhand von Beispielen aus sozialen Situationen. Dadurch ist der Alltagsbezug gewährleistet (Stemmler & Hacker 2009 S. 12). Die Kinder können Verhaltensweisen erlernen, wie z. B. jemand freundlich um Hilfe bitten, oder geduldig auf einen passenden Moment warten. Sie lernen mit Ablenkungen und Störungen umzugehen, statt bei gewohnheitsmäßigen Verhaltensmustern stehen zu bleiben (Stemmler & Hacker 2009 S. 13 zit. n. Kirchheim 2005).

Der neue „*Umgang mit Ärger und Wut*" fördert Techniken zur Stressreduktion. Die TeilnehmerInnen sollen konstruktiv mit Stress Ärger und Wut umgehen lernen. Auslösende Situationen gilt es zu erkennen, damit positive Selbstverstärkungen eingesetzt und diese mit Beruhigungstechniken verbunden werden können (Schick & Cierpka 2008 S. 239). Auch Strategien zur Selbstinstruktion helfen unsoziales Verhalten zu korrigieren und sozial verträgliches Verhalten zu fördern.

Ablauf

Jede einzelne Lektion orientiert sich an einem festen Ablauf:

„1.   Vorbereitung: Allgemeine Zielsetzung der Einheit, Konzepte, Schlüsselbegriffe, Lernziele, Liste der Unterrichtsmaterialien, Anmerkungen

2.   Unterricht: Fotofolie und Geschichte mit Diskussionsfragen

3.   Vertiefung: Rollenspiele und andere Übungen zur Übertragung des Gelernten, ggf. Materialien für Zuhause"

(Lohaus & Domsch 2009 S. 13).

Evaluation

Im Sinne einer Qualitätssicherung wurde das FUASTLOS-Curriculum evaluiert. Zwei Studien, für den Kindergarten und die Grundschule, dienten der Wirksamkeit Überprüfung. Es handelte sich um Langzeitstudien mit Kontrollgruppendesign, die über drei Jahre hinweg durchgeführt wurden.

Gezeigt werden konnte, dass das FAUSTLOS-Curriculum im Kindergarten positive Effekte in Bezug auf die vermittelten Inhalte hervorrief (Stemmler & Hacker 2009 S. 13). In erster Linie ging es um die Identifikation von Gefühlen, die Generierung von Lösungsmöglichkeiten, die Einstellung zu aggressivem Verhalten und die Erweiterung von Beruhigungstechniken. Bei der Postmessung nach einem Jahr zeigten die Kinder nach Meinung der Eltern keine Verhaltensänderung mehr in Bezug auf die erlernten sozialen Kompetenzen (Stemmler & Hacker 2009 S. 13 zit. n. Schick & Cierpka 2004).

In der Grundschule rief das FAUSTLOS-Curriculum eine angstreduzierende Wirkung hervor. Eine Verminderung aggressiven Verhaltens mit Auswirkungen auf das Sozialverhalten konnte durch das Training nicht nachgewiesen werden (Schick & Cierpka 2008 S. 242). Die Lehrkräfte berichteten immer häufiger über positive „Nebeneffekte" des Programms. Dies bezieht sich auf eine Verbesserung des Klassen- und Lernklimas sowie auf Seiten der SchülerInnen ein Zuwachs an verbalen Kompetenzen (Schick 2004 S. 24).

Da es sich um eine primärpräventive Maßnahme handelt (die unterrichteten Kinder zeigten sich überwiegend verhaltensunauffällig), kann auch nicht von größeren Effekten in den Ergebnissen der Evaluation ausgegangen werden (Schick & Cierpka 2008 S. 234 zit. n. Beelmann et al. 1994, Durlak & Wells 1997).

„Kinder Stärken!"

Das Resilienzprogramm von Fröhlich-Gildhoff, Dörner, und Rönnau (2007) *Kinder Stärken! Prävention und Resilienzförderung in Kindertageseinrichtungen (PRiK)*, wurde im Zeitraum von 2005 bis 2007 vom Zentrum für Kinder- und Jugendforschung an der Evangelischen Hochschule in Freiburg durchgeführt (Fröhlich-Gildhoff et al. 2007; Fröhlich-Gildhoff & Rönnau-Böse 2009). Insgesamt nahmen 4 Kindertagesstätten mit 247 Kindern und 44 ErzieherInnen an diesem Projekt teil (Fröhlich-Gildhoff & Rönnau-Böse 2009 S. 71). Das Projekt gliederte sich in folgende vier Bausteine:

- Baustein 1: Die Arbeit mit den pädagogischen Fachkräften
- Baustein 2: Die Resilienzförderung der Kinder durch den Kinderkurs ‚PRiK' (Prävention und Resilienzförderung in der Kindertagesstätte [...])
- Baustein 3: Die Arbeit mit den Eltern
- Baustein 4: Die Einbeziehung des Netzwerks um die Kita"

(Rönnau-Böse & Fröhlich-Gildhoff 2010).

Die theoretische Fundierung basiert auf dem Resilienzkonzept. Zentraler Leitfaden ist eine Orientierung an den oben genannten Resilienzfaktoren. Der praktische Ansatzpunkt bezieht sich auf die genannten vier Bausteine (Rönnau-Böse & Fröhlich-Gildhoff 2009 S. 14).

Das Projekt wurde von der „Aktion Mensch" und der Stadt Freiburg finanziert (Fröhlich-Gildhoff et al. 2007 S. 56). In den Folgejahren wurde der Ansatz fortgeführt und auch weiterentwickelt (Rönnau-Böse & Fröhlich-Gildhoff 2009 S. 16).

Das Programm ist primärpräventiv angelegt. Demnach sollte es die Resilienzfaktoren bei allen Kindern fördern, insbesondere bei denjenigen, die Schwierigkeiten aufweisen (Rönnau-Böse & Fröhlich-Gildhoff 2010 S. 50).

Ziel des Projekts PRiK war, Kindern vorbeugend verschiedene Möglichkeiten aufzuzeigen, wie sie mit widrigen Umständen umgehen können (Fröhlich-Gildhoff et al. 2007 S. 56). Darüber hinaus sollten die Kindertagesstätten und die dort tätigen ErzieherInnen als Anlaufstelle für Eltern zur Verfügung stehen. Dadurch entstanden Vernetzungsprozesse, die eine gezielte Prävention für Kinder und Eltern ermöglichten. Letztlich ging es darum, dass Kindertagesstätten selbst Initiative zur Resilienzförderung ergreifen lernten und darüber hinaus ihre Stadtteile koordinativ mit einbezogen (Fröhlich-Gildhoff et al. 2007 S. 69f.).

Steckbrief: Kinder Stärken! Prävention und Resilienzförderung in Kindertageseinrichtungen (PRiK)

Zielgruppe	Pädagogische Fachkräfte
	Kinder in Kindertagesstätten (4-6 Jahre)
	Eltern
	Personen im Netzwerk
Umfang	Kinderebene; Kinderkurs PRiK:
	• Sechs Bausteine à 3 bis 4 Einheiten (insgesamt 20 Einheiten)
	• Jede Einheit dauert 35-50 min.
	• 2-3 Einheiten pro Woche
	Erzieherinnen- Ebene;
	• Fortbildungen, 6 mal à 90 min.; 1 Einheiten pro Woche
	• Fallsupervisionen nach Bedarf
Art des Trainings	Manualisiertes Kindertraining; 6-8 oder 8-10 Kinder
	Manualisierter Elternkurs; 10 Personen
Umsetzung	Der Kinderkurs PRiK lässt sich im öffentlich- pädagogischen Raum im Rahmen der Kindertagesstätte implementieren
Inhalte/Themen	Pädagogische Fachkräfte
	• Fortbildung: Durchführung von Kinder- und Elternkursen; Theoretischer Hintergrund von Resilienz
	• Teamsitzung mit dem Gesamtteam
	Kinder
	• Baustein 1: Selbstwahrnehmung
	• Baustein 2: Selbststeuerung
	• Baustein 3: Selbstwirksamkeit
	• Baustein 4: soziale Kompetenz
	• Baustein 5: Umgang mit Stress
	• Baustein 6: Probleme lösen
	Eltern
	• Elternkurse zur Stärkung der Erziehungskompetenz
	• Unterstützung und Förderung der Resilienz im Alltag der Familien
	• Sprechstunden zur Eltern- bzw. Familienberatung
	Netzwerk
	• Förderung von sozialräumlicher Vernetzung (mit anderen Einrichtungen, Vereinen)
Methoden	Methoden im Kinderkurs
	• Eingangsrituale
	• Abschlussrituale
	• etc.
	Methoden Elternkurs
	• Blitzlicht
	• Einzel- und Partnerübungen
	• Rollenspiele
	• Kurzreferate
	• Handouts
	• Hausaufgaben
Materialien	2 Handpuppen (Susi und Toni)

Tabelle 5: Steckbrief „Kinder Stärken!"

(Quelle modifiziert nach Rönnau-Böse & Fröhlich-Gildhoff 2010; S. 49-64; Fröhlich-Gildhoff, Dörner & Rönnau 2007; Fröhlich-Gildhoff & Rönnau-Böse 2009 S. 69-71; S. 56-60)

Programmkonzept

Angebote für die ErzieherInnen: Hier fanden sich Fortbildungen für die ErzieherInnen. Das Projekt beinhaltete insgesamt sechs halbtägige Fortbildungs-einheiten. Dabei wurden die Grundgedanken der Resilienzförderung erläutert. Die ErzieherInnen wurden dazu qualifiziert, das Resilienzförderungsprogramm (PRiK s. u.), den Elternkurs (s. u.), sowie auch die Elternsprechstunde durchzuführen. Auch die vierte Ebene der Vernetzungsarbeit (s. u.) war Thema der Fortbildungseinheiten. Darüber hinaus wurden regelmäßig kind- und familienzentrierte Gespräche mit dem ganzen Team durchgeführt. Es ging vor allem darum, den ErzieherInnen eine ressourcenorientierte Haltung zu vermitteln (Rönnau-Böse & Fröhlich-Gildhoff 2009 S. 15).

Arbeiten mit den Kindern: Dies umfasste das „Programm zur Prävention und Resilienzstärkung in Kindertageseinrichtungen (PRiK)". Dieses wurde mit allen 247 Kindern, die an diesem Projekt teilgenommen hatten, durchgeführt. In bestimmten Fällen erhielten Kinder spezielle Förderangebote. Das Trainingsprogramm selbst umfasste 20 Einheiten à 10 Wochen. In der Regel nahmen 8 bis 10 Kinder, weitestgehend mit demselben Entwicklungsstand, pro Programmeinheit teil. Das Programm passte sich an den KiTa Alltag an. Es war zielorientiert konzipiert und beinhaltete die sechs Resilienzfaktoren als Grundbausteine: Selbstwahrnehmung, Selbststeuerung, Selbstwirksamkeit, soziale Kompetenz, Umgang mit Stress und Problemlösen. Jeder Baustein umfasst 3 Einheiten (Rönnau-Böse & Fröhlich-Gildhoff 2010 S. 50). Das Programm wurde von zwei TrainerInnen durchgeführt (Rönnau-Böse & Fröhlich-Gildhoff 2009 S. 15).

Arbeiten mit den Eltern: Alle Eltern, die an dem Projekt teilgenommen hatten, bekamen das gleiche Angebot an Elternkursen zur Stärkung der Erziehungskompetenzen. Sie wurden auch dabei unterstützt, die Resilienz im Alltag zu fördern. In den Kindertagesstätten gab es kontinuierlich Kurse, zu den 6 Einheiten. Es wurden verschiedene Termine und Sprechstunden angeboten auch mit externen Fachkräften (Rönnau-Böse & Fröhlich-Gildhoff 2009 S. 15).

Vernetzung: Während der Laufzeit des gesamten Projekts kam es zum Aufbau von Netzwerkstrukturen. Dabei standen familienunterstützende Institutionen im Vordergrund (Rönnau-Böse & Fröhlich-Gildhoff 2009 S. 15). Auch strebte man eine Vernetzung mit anderen Stadtteilen/Gemeinden an, um eine Abstimmung der Angebote und den Aufbau eines systematischen Hilfesystems zu ermöglichen (Fröhlich-Gildhoff et al. 2007 S. 56).

Gelang es, alle vier Bausteine in eine Kindertagesstätte zu integrieren, war eine umfassende Resilienzförderung mit nachhaltiger Entwicklung gewährleistet (Rönnau-Böse & Fröhlich-Gildhoff 2010 S. 49).

Evaluation

Die Evaluationsstudie erfolgte im Zentrum für Kinder- und Jugendforschung an der Evangelischen Hochschule Freiburg (Rönnau-Böse & Fröhlich-Gildhoff 2010 S. 49). Dafür wurde ein Kontrollgruppendesign mit qualitativen und quantitativen Methoden (standardisierte Tests) gewählt, sowie eine Prozess- und Ergebnisevaluation durchgeführt (drei Messzeitpunkte) (Rönnau-Böse & Fröhlich-Gildhoff 2010 S. 49). Die Untersuchungsgruppe bildeten vier Kindertageseinrichtungen in Freiburg. Sie umfasste 247 Kinder und 44 ErzieherInnen. Fünf Einrichtungen mit 193 Kindern und 51 ErzieherInnen bildeten die Kontrollgruppe (Fröhlich-Gildhoff & Rönnau-Böse 2009 S. 71).

Die Ergebnisse zeigten eine hohe Akzeptanz und eine positive Resonanz bei allen AdressatInnen. Darüber hinaus zeigten sich bei der Durchführungsgruppe eine signifikante Verbesserung im Bereich des Selbstkonzepts und in der kognitiven Entwicklung (Rönnau-Böse & Fröhlich-Gildhoff 2010 S. 51). Während des Projekts bildete sich das Selbstwertgefühl der Kinder, im Vergleich zur Kontrollgruppe, signifikant höher aus (Fröhlich-Gildhoff & Rönnau-Böse 2009 S. 71). Ihre kognitive Entwicklung wurde verbessert (Fröhlich-Gildhoff & Rönnau-Böse 2009 S. 16). Vor allem entwickelte sich die Selbststeuerung positiv, was zu mehr Selbstsicherheit führte. Daraus entstand eine verbesserte Problemlösefähigkeit, was auch dazu führte, dass die Kinder die Bildungsangebote der KiTa noch besser aufgreifen konnten. Möglicherweise war auch der Einfluss des reflektierten Verhaltens seitens der Eltern für die Entwicklungsprozesse ausschlaggebend (Fröhlich-Gildhoff & Rönnau-Böse 2009 S. 71).

Dieses Präventionsprogramm zeigte, dass durch gezielte Förderung der Resilienzfaktoren der Entstehung von Verhaltensauffälligkeiten entgegenwirkt werden konnte (Fröhlich-Gildhoff et al. 2007 S. 56).

Die ErzieherInnen erlebten sich durch die neue Ressourcenorientierung, kompetenter als zuvor. Auch die Teamentwicklungsprozesse konnten verbessert werden (Fröhlich-Gildhoff & Rönnau-Böse 2009 S. 71; Rönnau-Böse & Fröhlich-Gildhoff 2009 S. 16). Da alle ErzieherInnen in alle Projektbestandteile involviert waren, zeigte sich ein nachhaltiger Effekt bei der Verinnerlichung des Konzepts (Rönnau-Böse & Fröhlich-Gildhoff 2009 S. 16).

Durch das Einsetzten von verschiedenen Methoden (Elternkurse, individuelle Beratung), konnte man etwa drei viertel der Eltern erreichen. Die Ergebnisse waren eine gesteigerte Sicherheit in Erziehungsfragen und eine veränderte, positive Sicht auf das eigene Kind.

Anforderungen an Präventionsprogramme

Eine tatsächliche Beurteilung über die Effektivität und die Erfüllung der Anforderungen an Präventionsprogramme ist nur über eine genaue Betrachtung der Programme möglich. Daher werden im Folgenden die Anforderungen an Präventionsprogramme für die Störung des Sozialverhaltens thematisiert. Sie stehen mit einer erfolgreichen Wirksamkeit in Verbindung (Heinrichs et al. 2002 S. 171).

Ziele

Der Sinn von Prävention ist die Krankheitsvermeidung (Leppin 2004 S. 31). Die Ziele der Prävention stehen mit der Präventionsart in Verbindung.

Die zentralen Ziele sind folgende:

Reduktion der Auftretenshäufigkeit,

Verbesserung der elterlichen Erziehungsmethoden

Stärkung der Resilienzfaktoren beim Kind selbst

Verminderung der familiären Risikofaktoren,

Stärkung der sozialen Schutzfaktoren.

stabile Effekte erzielen,

gegenüber den Adressaten eine hohe Akzeptanz erfahren

kostengünstig sein

(Heinrichs et al. 2002 S. 171f. zit. n. Perrez 1980).

Theoretische Fundierung

Die Interventionsziele der Präventionsprogramme stehen im Zusammenhang mit den empirischen Untersuchungen der Reduktion von Verhaltensstörungen. Dabei sollten sich die Präventionsansatzpunkte aus den zugrundeliegenden Annahmen ableiten lassen (Heinrichs et al. 2002 S. 171f.). Vor dem Hintergrund der Störung des Sozialverhaltens ist daher ein Präventionsansatz gefordert, der eng mit der Ätiologie der Störung des Sozialverhaltens in Verbindung steht.

Empirische Fundierung

Die Programme sollten auf ihre Wirksamkeit hin überprüft sein. Dazu ist eine Manualisierung Voraussetzung. Die Überprüfung lässt sich in zwei Komponenten unterteilen:

Nachweis, dass das Programm im Stande ist, das Zielverhalten der Adressatengruppe zielintendiert zu beeinflussen.

Nachweis darüber, dass durch das veränderte Verhalten die Inzidenzrate der Störung verringert wurde (= Sicherung der Validität der programmspezifischen Konkretisierung).

(Heinrichs et al. 2002 S. 171f.)

Gute Erreichbarkeit

Eine leichte Zugänglichkeit zu den Präventionsprogrammen muss für alle TeilnehmerInnen gewährleistet sein (Heinrichs et al. 2002 S. 171f.).

Wissenschaftlich begründete Wirksamkeit:

Die Präventionsmaßnahmen werden in ihrer Wirksamkeit überprüft (Heinrichs et al. 2002 S. 171f.). Somit ist eine Evaluation der Präventionsmaßnahme gefordert. Voraussetzung ist mindestens ein quasiexperimentelles Design, sowie eine Prä- und Postmessung, darüber hinaus nach Möglichkeit auch eine Follow-up Erhebung in einer Stichprobengröße von n über 50 (Stemmler & Hacker 2009 S. 15f).

Fazit und Ausblick

Die ersten zwei Themenkomplexe *Psychopathologie der Störung des Sozialverhaltens* und *Grundlagen der Resilienz*, bilden das Fundament dieser Bachelorarbeit. Die Kernfrage bezieht sich auf die Bedeutung des Resilienzkonzepts für die Prävention der Störung des Sozialverhaltens.

Der dritte Teil dieser Arbeit widmet sich der Beantwortung der Fragestellung und behandelt die *Resilienzförderung im Kontext der Prävention der Störung des Sozialverhaltens*. Die wichtigsten Erkenntnisse werden im Folgenden zusammengefasst und diskutiert. Ebenso werden zukünftig relevante Forschungs-interessen benannt. Abschließend wird ein Ausblick in Richtung zukünftiger Forschungen gegeben.

In erster Linie wurde die zentrale Frage beantwortet, ob eine Prävention der Störung des Sozialverhaltens notwendig ist. Das Argument über die Prävalenzrate wurde heran gezogen. Z. B. begründet die BELLA- Studie mit einer Rate von 7,6% von Kindern und Jugendlichen, welche die Symptome einer Störung des Sozialverhaltens aufzeigen (Revens-Sieberer, Wille N. & Bettge 2007 S. 873), die Notwendigkeit von entsprechenden Präventionsmaßnahmen.

Die genaue Betrachtung des *Verlauf und der Prognosen* zeigen, dass gerade verfestigtes aggressives Verhalten sich nur schwer behandeln lässt (Fröhlich-Gildhoff & Abler 2006 S. 215). Darüber hinaus ist ein früher Störungsbeginn mit schlechten Prognosen verbunden (Lösel et al. 2006 S. 127). Aus dieser Tatsache leiten viele AutorInnen ab, dass präventive Maßnahmen von hoher Bedeutung sind und entsprechende Präventionsprogramme sehr früh in der kindlichen Entwicklung einsetzten müssen (Essau & Conradt 2004 S. 176).

Darüber hinaus ist die Kosten-Nutzen-Bilanz von wesentlicher Bedeutung. Bei einer Störung des Sozialverhaltens können Kosten bis in Millionenhöhe entstehen (Lösel et al. 2010a S. 39 zit. n. Muñoz, Hutchings, Edwards, Hounsome, O´Céilleachair 2004, Forster, Prinz, Sander, Shapiro 2008). Frühe Präventionsmaßnamen wirken einer möglichen Kostenentstehung entgegen (Lösel et al. 2010a S. 39). In diesem Zusammenhang kann man feststellen, dass deutsche Studien nur ungenügend nach der Kosten-Nutzen-Bilanz fragen. Hier besteht noch Forschungsbedarf (Stemmler & Hacker 2009 S. 16).

In der Fachliteratur gibt es zahlreiche Publikationen, die ein präzises, empirisch abgesichertes Wissen über die ätiologischen Zusammenhänge darlegen. Hinsichtlich der Ätiologie kristallisieren sich bei der Störung des Sozialverhaltens Anknüpfungspunkte für Präventionsmaßnahmen heraus, die sich z. B. an den Risikofaktoren orientieren. Diese sollen reduziert werden, um somit einen direkten Einfluss auf die Entstehung und Entwicklung einer Störung zu nehmen (Leppin 2004 S. 36 zit. n. Franzkowaik 2003; Laser und Hurrelmann 2000). Anderseits existieren auch Präventionsprogramme, welche die Schutzfaktoren stärken (Masten 2001 S. 193). Die Risiko- und die Schutzfaktorenforschung zeigen komplexe Wirkzusammenhänge auf diesem Gebiet. Diese Erkenntnisse gilt es zu berücksichtigen. In der Präventionspraxis sind besonders die Erkenntnisse der Wirkzusammenhänge nur unzureichend berücksichtigt und erforscht (Stemmler & Hacker 2009 S. 15f.). Dies sollte eine weitere Aufgabe zukünftiger Präventionsforschung sein.

Es zeigt sich, dass man zahlreiche störungsspezifische Gründe für die Konzipierung von Präventionsmaßnahmen aufzeigen kann. Aus welchem Grund ist aber gerade das Resilienzkonzept wichtig?

In unserer Gesellschaft haben resiliente Kinder bessere Chancen, gesellschaftliche, familiäre und individuelle Risiken erfolgreich zu bewältigen. Resilienz ist eine Voraussetzung, dass sich Kinder selbstsicher, gesund und zu kompetenten Persönlichkeiten entwickeln. In der Präventionspraxis muss alles dafür getan werden, dass Kinder die notwendigen Unterstützungen erfahren und zwar mit allen zur Verfügung stehenden Mitteln (Wustmann 2009 S. 15).

In dieser Bachelorarbeit, wurde gezeigt, dass das Resilienzparadigma eine optimale Ergänzung zur Präventionspraxis der Störung des Sozialverhaltens darstellt. Die Ergebnisse der Resilienzforschung gehen konform mit den Zielen, Ebene und Strategien der allgemeinen Prävention und Gesundheitsförderung.

Über die Darstellung des derzeitigen Forschungsstands zur Prävention der Störung des Sozialverhaltens konnten zahlreiche Programmkonzepte aufgeführt werden. Ihr Anliegen ist es, Kinder für ihre Lebensumwelt besser zu rüsten. Man findet hier Präventionsmaßnahmen aller oben benannten Präventionsebenen. Die wenigsten Präventionsprogramme nennen aber die Resilienzförderung als theoretisch Grundlage (Bengel, Meinders-Lücking & Rottmann 2009 S .119). Trotzdem fördern bestimmte Programme Kompetenzen von Resilienz.

Welche Ansatzpunkte die Präventionsprogramme verfolgen, und wie diese mit dem Resilienzkonzept in Verbindung stehen, wurde erarbeitet. Im Wesentlichen geht es um zwei Förderebenen: Zum einen um die Basiskompetenzen, zum anderen um Unterstützungsleistungen, die Kinder benötigen, um sich trotz gegebener Risikobedingungen sich zu gesunden Erwachsenen entwickeln zu können. Durch Einteilung der Resilienzförderung auf der individuellen, sowie auf der Beziehungsebene, konnte die genauen Ansatzpunkte detailliert dargestellt werden.

Der Fokus lag jeweils auf den Themeninhalten der einzelnen Anknüpfungspunkte. Diese Bachelorarbeit hat nicht den Anspruch, einzelne Präventionsprogramme ausführlicher darzustellen, sondern sie will die Komplexität relevanter, inhaltliche sich überschneidende Themen der Störung des Sozialverhalten und der Resilienz skizzieren, um die Bandbreite der Präventionsmöglichkeiten aufzuzeigen. Exemplarische Präventionsprogramme wurden daher nur kurz mit den entsprechenden Inhalten beleuchtet. Dabei handelt es sich vor allem um Programme aus dem Bereich der Gesundheitsförderung. In der Regel verfolgen sie universelle und selektive Präventionsstrategien. Programme die Resilienzförderung explizit nennen, sind hauptsächlich primär präventiv ausgerichtet.

Die individuelle Ebene stellt die Förderung einzelner oder auch mehrerer Resilienzfaktoren in den Fokus. Diese sind:

Selbst- und Fremdwahrnehmung

Selbststeuerung

Selbstwirksamkeit (-serwartung)

Soziale Kompetenzen

Umgang mit Stress

Problemlösen

(Fröhlich-Gildhoff & Rönnau-Böse 2009 S. 42).

Besonders bedeutsam zeigte sich die Förderung der *sozialen Kompetenz*, da diese bei der Entstehung und Aufrechterhaltung fast aller psychischen Störungen eine entscheidende Rolle spielt (Pfingsten 2009 S. 158 zit. n. Segrin 2001). Die Evaluationsstudien erzielten dabei positive Ergebnisse (Pfingsten 2009 S. 171).

Präventionsprogramme, welche die Förderung von mehreren Resilienzfaktoren zusammenfassen sind bspw. die beschriebenen Lebenskompetenzprogramme der WHO. Sie weisen eine große Beziehung zum Resilienzkonzept auf und spielen darüber hinaus in der Prävention von Problemverhaltensweisen und in Bezug auf das gesundheitsbezogene Risikoverhalten eine Rolle. Die Förderung der Lebens-kompetenz gilt derzeit im Bereich der ressourcenorientierten Gesundheitsförderung als sehr erfolgreich (Jerusalem & Meixner 2009 S. 141).

Der Ansatz der Resilienzförderung auf der Beziehungsebene fokussiert die familiäre Umwelt des Kindes und die Beziehungen zu anderen Bezugspersonen. Hier ließen sich Risikofaktoren innerhalb der Familie identifizieren, z. B. die Eltern-Kind-Interaktion, die oftmals mit negativen Erziehungspraktiken einhergehen kann. Ebenso konnten kritische Lebensereignisse, wie z. B, eine psychische Erkrankung oder der Tod eines Elternteils, sowie eine Trennung oder Scheidung der Eltern benannt werden. Entsprechende Ereignisse beinhalten ein beachtliches Risikopotenzial. Auch hierfür finden sich Präventionsprogramme, die Unterstützungsleistungen anbieten.

Im Weiteren konnten Präventionsmaßnahmen, die eine Reduktion des schwerwiegenden Symptoms der Aggression im Blickfeld haben, aufgezeigt werden. Hier gibt es Programme, die auf mehreren Ebenen ansetzten. Zum einen Resilienzförderung auf der individuellen Ebene und zum anderen die Resilienzförderung auf der Beziehungsebene. Diese multimodalen Programme erzielen, in Bezug auf die Veränderung von aggressivem und gewalttätigem Verhalten, die besten Erfolge (Fröhlich-Gildhoff & Abler 2006 S. 74).

Um die thematisierten Ansatzpunkte auch im Hinblick auf die Praxis zu durchleuchten, wurden zwei Präventionsprogramme beispielhaft ausgewählt. Zum einen das *FAUSTLOS- Curriculum*, zum anderen das Programm *Kinder Stärken! Prävention und Resilienzförderung in Kindertageseinrichtungen (PRiK)*. Die programmspezifischen Eigenschaften (Setting, Adressaten-gruppe, Umfang, Trainingsart, Umsetzung, Inhalte und Themen, Methoden und Materialien) gaben Aufschlüsse über die konkrete Konzipierung und auch die praktische Umsetzung. Die Evaluationsstudien geben Anhaltspunkte über ihre Wirksamkeit und Effektivität.

Das Kapitel *Anforderungen an Präventionsprogramme* zeigt, welche Aspekte bedeutsam sind, um Präventionsprogramme überhaupt beurteilen zu können.

Abschließend soll festgestellt werden, dass viele der oben genannten Programme hinsichtlich ihrer Wirksamkeit leider nur unzureichend evaluiert wurden. Es gibt nur wenige Studien, die vor allem eine langfristige Wirksamkeiten untersuchen (Stemmler & Hacker 2009 S. 15f.; Fröhlich-Gildhoff & Abler 2006 S. 215). Hier besteht noch Forschungsbedarf. Nur unter der Voraussetzung, eine langfristige Wirksamkeit aufzuweisen, ist durch Präventionsmaßnahmen eine Senkung der Inzidenz- und Prävalenzrate der Störung des Sozialverhaltens gewährleistet. Die Berücksichtigung der genannten Anforderungen an Präventionsmaßnahmen, sowie deren Wirksamkeit, ist für alle ForscherInnen eine Herausforderung.

Damit in der Zukunft flächendeckende Präventionsmaßnahmen durchgeführt werden können, sind folgende Aspekte von zentraler Bedeutung:

Das Konzept der Resilienzförderung sollte insgesamt weiter entwickelt und erprobt werden.

Die aufgezeigten Ansatzpunkte sollen sich gegenseitig ergänzen.

Für den praktischen Kontext und im Hinblick auf die Konzipierung von Präventionsansätzen ist es notwendig, die einzelnen Förderbereiche der Resilienz auszuarbeiten.

Der Ausbau von Präventionsmaßnahmen, im Hinblick auf niedrigschwellige Angebote für Eltern und Familien, ist besonders wichtig.

Von hoher Relevanz ist die Entwicklung und Etablierung von Vernetzungs-konzepten (wie. z. B. psychosozialen, medizinischen-gesundheitlichen und kommunalen Einrichtungen).

Qualitativ gute Angebote für eine frühe Förderung der elterlichen Erziehungskompetenzen sind gefordert.

Qualifizierungsangebote für Multiplikatoren im Bildungs- und Erziehungskontext, ganz besonders in Bezug auf die Wahrnehmung und Beobachtung von Risiken in der Entwicklung bei gefährdeten Kindern sind erforderlich. Darüber hinaus sind auch im Hinblick auf die Zusammenarbeit mit Eltern und der Familie entsprechende Angebote erforderlich.

Die Gewährleistung von Rahmenbedingungen (Verbesserung von personalen, materiellen und räumlichen Kapazitäten), vor dem Hintergrund der Durchführung von Präventionsprogrammen, bei denen eine umfassende Resilienzförderung gewährleistet wird.

Die Verbreitung eines optimistischen Kinderbildes, wie es aus dem Hintergrund der Resilienzforschung hervorgeht. Kinder verfügen über Fähigkeiten auch widrige Umstände meistern zu können. Je früher sie von außen unterstützt werden, desto stärker entwickeln sich ihre Lebenskompetenzen.

(in Orientierung an Wustmann 2009 S. 150)

Abschließend bleibt festzuhalten, dass die Resilienzforschung eine hohe Bedeutung für die Prävention von Störungen des Sozialverhaltens darstellt. Diese Aussage wird dadurch unterstrichen, dass man viele Erkenntnisse der Resilienzforschung in der Präventionspraxis wieder findet. Daher ist auch eine Übertragung der Ansätze der Resilienzforschung auf die Präventionspraxis möglich.

Für jegliche Präventionspraxis, besondere für psychische Störungen im Kindes- und Jugendalter, ist es wünschenswert, dass sich die Maßnahmen umfassend am Gesamtkonzept der Resilienzförderung orientieren.

Es ist festzuhalten, dass zu den beiden Themenkomplexen, *Resilienz* und *Störung des Sozialverhaltens* bisher noch kaum einschlägige Literatur publiziert wurde. Dies ist in Anbetracht des ungenützten Potenzials des Resilienzkonzepts überraschend. Die zukünftige Präventionsforschung könnte daher noch stärker die Konzipierung von Resilienzförderungsmaßnahmen berücksichtigen.

Literaturverzeichnis

Ahrens-Eipper, S., Aßhauer M. & Burow, F. (2002): Fit und stark fürs Leben: Persönlichkeitsförderung zur Prävention von Aggression, Rauchen und Sucht. 5. und 6. Schuljahr. (1. Aufl.). Leipzig: Klett.

Ahrens-Eipper, S. & Nelius, K. (2010): Mutig werden mit Til Tiger: Ein Trainingsprogramm für sozial unsichere Kinder. (2., erw. Aufl.). Göttingen: Hogrefe.

Aichinger, A. 2007. Warum der kleine Löwen immer bissiger wird: Frühe Intervention bei einem aggressiven Kind. ZPS, 6 (1), S. 67–82.

Armbruster, M. (2007): Mehr Elternkompetenz für Problemfamilien: Wie die Quadratur des Kreises gelingt. Verhaltenstherapie mit Kindern und Jugendlichen, 3 (1), S. 19–26.

Baierl, M. (2010): Herausforderung Alltag: Praxishandbuch für die pädagogische Arbeit mit psychisch gestörten Jugendlichen. (2. Aufl.). Göttingen: Vandenhoeck & Ruprecht.

Baker, J. A. (2006): Contributions of teacher-child relationships to positive school adjustment during elementary school. Journal of School Psychology, 44 (3), S. 211–229.

Baving, L. (2006): Störungen des Sozialverhaltens. Reihe: Manuale psychischer Störungen bei Kindern und Jugendlichen. Berlin, Heidelberg: Springer Medizin Verl.

Beardslee, W. R. (2009): Hoffnung, Sinn und Kontinuität: Ein Programm für Familien depressiv erkrankter Eltern. Bd. 19. Tübingen: DGVT- Verl.

Beelmann, A. (2004): Förderung sozialer Kompetenz im Kindergarten: Evaluation eines sozialen Problemlösetrainings zur universellen Prävention von dissozialen Verhaltensproblemen. Kindheit und Entwicklung, 13 (2), S. 113–121. Göttingen: Hogrefe.

Beelmann, A. & Raabe, T. (2007): Dissoziales Verhalten von Kindern und Jugendlichen: Erscheinungsformen, Entwicklung, Prävention und Intervention. Göttingen: Hogrefe.

Beelmann, W. (2009): Tod, Trennung und Scheidung der Eltern. In: Lohaus, A. & Domsch, H. (Hrsg.): Psychologische Förder- und Interventionsprogramme für das Kindes- und Jugendalter. S. 270–281. Berlin, Heidelberg: Springer Medizin Verl.

Bengel, J., Meinders-Lücking, F. & Rottmann, N. (2009): Schutzfaktoren bei Kindern und Jugendlichen: Stand der Forschung zu psychosozialen Schutzfaktoren für Gesundheit. Forschung und Praxis der Gesundheitsförderung, Bd. 35. Köln: BZgA.

Beyer, A. & Lohaus, A. (2006): Stressbewältigung im Jugendalter: Ein Trainingsprogramm. Göttingen: Hogrefe.

Blanz, B. (2002): Störung des Sozialverhaltens und Jugenddelinquenz. In: Esser, G. & Banaschewski, T. (Hrsg.): Lehrbuch der klinischen Psychologie und Psychotherapie des Kindes- und Jugendalters. S. 197–210. Stuttgart, New York: Thieme.

Boumann, H. (2008): Diagnose: „Störung des Sozialverhaltens": Kinder- und Jugendpsychiatrie unter veränderten gesellschaftlichen Bedingungen. (Orig.-Ausg.). Gießen: Psychosozial- Verl.

Bühler, A. & Heppekausen, K. (2005): Gesundheitsförderung durch Lebenskompetenzprogramme in Deutschland: Grundlagen und kommentierte Übersicht. Gesundheitsförderung konkret Bd. 6. Köln: BZgA.

Busch, W. (o. J.): Max und Moritz: Eine Bubengeschichte in sieben Streichen. In: Hochhuth, R. (Hrsg.): Und die Moral von der Geschicht. Bd. 1. S. 18–69. Gütersloh: Siebert Mohn Verl.

Buser, K., Schneller, T. & Wildgrube, K. (2007): Medizinische Psychologie, medizinische Soziologie: Kurzlehrbuch zum Gegenstandskatalog. (6., überarb. Aufl.). München: Elsevier Urban & Fischer.

Cierpka, M. (Hrsg.) (2008): Möglichkeiten der Gewaltprävention. (2., überarb. Aufl.). Göttingen: Vandenhoeck & Ruprecht.

Davison, G. C., Neale, J. M., Hautzinger, M., Baur, M. (2007): Klinische Psychologie. (7., vollst. überarb. u. erw. Aufl.). Weinheim: Beltz PVU.

Deutsche Gesellschaft für Kinder- und Jugendpsychiatrie und Psychotherapie (2007): Leitlinien zu Diagnostik und Therapie von psychischen Störungen im Säuglings-, Kindes- und Jugendalter. S. 265 - 275. (3. überarb. u. erw. Aufl.). Köln: Dt. Ärzte-Verl.

Dilling, H. & Schulte-Markwort, E. (2010): Internationale Klassifikation psychischer Störungen: ICD-10 Kapitel V (F); klinisch-diagnostische Leitlinien. (7., überarb. Aufl. unter Berücksichtigung der Änderungen entsprechend ICD-10-GM.). Bern: Huber.

Dinkmeyer, D. C. & McKay, G. D. (1997): The parent's handbook: Systematic training for effective parenting. Circle Pines Minn. AGS.

Elle, M., Elkeles, T. & Scharnhorst, J. (2010): Resilienz und Gesundheit. Prävention - Zeitschrift für Gesundheitsförderung, 33 (1), S. 6–10.

Essau, C. A. & Conradt, J. (2004): Aggression bei Kindern und Jugendlichen. München: UTB Reinhardt.

Faltermaier, T. & Salisch, M. von (2005): Gesundheitspsychologie. Stuttgart: Kohlhammer.

Frindt, A. (2009): Resilienzförderung in der SPFH: Soziale Ressourcen außerhalb der Familie nutzen: Resilienzförderung. Sozial Extra, 33 (11/12), S. 22-25.

Fröhlich-Gildhoff, K. (2006): Freiburger Anti-Gewalt-Training (FAGT): Ein Handbuch. Stuttgart: Kohlhammer.

Fröhlich-Gildhoff, K. & Abler, A. (2006): Gewalt begegnen: Konzepte und Projekte zur Prävention und Intervention. Stuttgart: Kohlhammer.

Fröhlich-Gildhoff, K., Dörner, T. & Rönnau, M. (2007): Prävention und Resilienzförderung in Kindertageseinrichtungen - PRiK: Trainingsmanual für ErzieherInnen. München, Basel: Reinhardt.

Fröhlich-Gildhoff, K., Rönnau, M., Dörner, T., Engel, E. M. & Kraus-Gruner, G. (2007): Kinder Stärken! Resilienzförderung in der Kindertagesstätte unter systemischer Einbindung der Eltern. Prävention - Zeitschrift für Gesundheitsförderung, 30 (2), S. 55–65.

Fröhlich-Gildhoff, K. & Rönnau-Böse, M. (2009): Resilienz. München, Basel: Reinhardt.

Grabert, A. (2009): Salutogenese und Bewältigung psychischer Erkrankung: Einsatz des Kohärenzgefühls in der sozialen Arbeit. (2. Aufl.). Lage: Jacobs-Verl.

Grasmann, D. & Stadler, C. (2009): Verhaltenstherapeutisches Intensivtraining zur Reduktion von Aggression: Multimodales Programm für Kinder, Jugendliche und Eltern. Wien, New York: Springer.

Grünke, M. (2003): Resilienzförderung bei Kindern und Jugendlichen in Schulen für Lernbehinderte: Eine Evaluation dreier Programme zur Steigerung der psychischen Widerstandsfähigkeit. Lengerich: Pabst Science Publ.

Hampel, P. & Petermann, F. (2003): Anti-Stress-Training für Kinder. (2., überarb. u. erw. Aufl.). Weinheim: Beltz PVU.

Heinrich, N. & Nowak, C. (2009): Elterntrainings: In Lohaus, A. & Domsch, H. (Hrsg.): Psychologische Förder- und Interventionsprogramme für das Kindes- und Jugendalter. S. 293–303. Berlin, Heidelberg: Springer Medizin Verl.

Heinrichs, N., Saßmann, H., Hahlweg, K. & Perrez, M. (2002): Prävention kindlicher Verhaltensstörungen. Psychologische Rundschau, 53 (4), S. 170-183. Göttingen: Hogrefe.

Hinsch, R. & Pfingsten, U. (2007): Gruppentraining sozialer Kompetenzen: Grundlagen, Durchführung, Anwendungsbeispiele. (5., vollst. überarb. Aufl.). Weinheim: Beltz PVU.

Hochhuth, R. (Hrsg.) (o. J.): Und die Moral von der Geschicht. (2 Bde.). Bd. 1. Gütersloh: Siebert Mohn Verl.

Holtmann, M. & Schmidt, M. H. (2004): Resilienz im Kindes- und Jugendalter. Kindheit und Entwicklung, 13 (4), S. 195–200. Göttingen: Hogrefe.

Horst, C. & Heeg, H. (2005): Der Elternkurs Kess erziehen: Kooperativ, ermutigend, sozial, situationsorientiert: Wege zu einem entspannten und liebevollen Erziehungsstil; das 5-Schritte-Programm. München: Knaur-Ratgeber-Verl.

Jaede, W., Wolf, J. & Zeller-König, B. (1996): Gruppentraining mit Kindern aus Trennungs- und Scheidungsfamilien. Weinheim: Beltz PVU.

Jerusalem, M. (1990): Persönliche Ressourcen, Vulnerabilität und Stresserleben. Göttingen: Hogrefe.

Jerusalem, M. & Meixner, S. (2009): Lebenskompetenz: In: Lohaus, A. & Domsch, H. (Hrsg.): Psychologische Förder- und Interventionsprogramme für das Kindes- und Jugendalter. S: 141–156. Berlin, Heidelberg: Springer Medizin Verl.

Kaluza, G. & Lohaus, A. (2006): Psychologische Gesundheitsförderung im Kindes- und Jugendalter: Eine Sammlung empirischer evaluierter Interventionsprogramme. Zeitschrift für Gesundheitspsychologie, 14 (3), S. 119–134.

Kipker, M. (2008): Kinder, die nicht aufgeben: Förderung der Resilienz in der pädagogischen Praxis. Marburg: Tectum.

Klappstein, K. (2007): Du bist klasse! Kinder stark machen - Resilienzförderung im Kindergarten. Neukirchener Verl.-Haus.

Kleiber, D. & Meixner, S. (2000): Aggression und (Gewalt-) Delinquenz bei Kindern und Jugendlichen: Ausmaß, Entwicklungszusammenhänge und Prävention. Gesprächspsychotherapie und Prozesszentrierte Beratung, 31 (3), S. 191–205.

Klein-Heßling, J. & Lohaus, A. (1998): Bleib Locker: Ein Stresspräventionstraining für Kinder im Grundschulalter. Göttingen: Hogrefe.

Klicpera, C. & Gasteiger-Klicpera, B. (2007): Psychische Störungen im Kindes- und Jugendalter. Wien: UTB Facultas.wuv.

Kliegel, M., Zeintl, M. & Windemuth, D. (2009): Maßnahmen zur Prävention von Gewalt an Schulen: Bestandsaufnahme von Programmen im deutschsprachigen Raum. Literaturstudie. Berlin: DGUV. BGAG-Report, 1.

Knoll, N., Scholz, U. & Rieckmann, N. (2005): Einführung in die Gesundheitspsychologie. München, Basel: UTB Reinhardt.

Knopf, H. & Dauer, S. (2005): Störungen des Sozialverhaltens bei Kindern und Jugendlichen. Berlin: Rhombos.

Koglin, U. & Petermann, F. (2006): Verhaltenstraining im Kindergarten: Ein Programm zur Förderung sozial-emotionaler Kompetenz. Göttingen, Bern, Wien: Hogrefe.

Laucht, M., Esser, G. & Schmidt, H. (2008): Was wird aus Risikokindern? Ergebnisse der Mannheimer Längsschnittstudie im Überblick. In: Opp, G., Fingerle, M. M. & Bender, D. (Hrsg.): Was Kinder stärkt: Erziehung zwischen Risiko und Resilienz. S. 71–93. München, Basel: Reinhardt.

Lauth, G. W. & Heubeck, B. (2006): Kompetenztraining für Eltern sozial auffälliger Kinder (KES). Göttingen: Hogrefe.

Lazarus, R. S. (1981): Stressbezogene Transaktion zwischen Personen und Umwelt. In: Nitsch, J. R. (Hrsg.): Stress: Theorien, Untersuchungen, Maßnahmen. S. 213–259. Bern: Huber.

Lentze, M. J., Schaub, J., Schulte, F. J. & Spranger J. (2007): Pädiatrie: Grundlagen und Praxis. (3., vollst. überarb. u. erw. Aufl.) Berlin, Heidelberg: Springer Medizin Verl.

Leppin, A. (2004): Konzepte und Strategien der Krankheitsprävention. In: Hurrelmann, K., Klotz, T. & Haisch, J. (Hrsg.): Lehrbuch Prävention und Gesundheitsförderung. S. 31–40. Bern, Göttingen, Toronto, Seattle: Huber.

Leuzinger-Bohleber, M. (2009): Resilienz – Eine neue Forschungsperspektive auf frühe Entwicklungsprozesse. In: Leuzinger-Bohleber, M., Canestri, J. & Target, M. (Hrsg.): Frühe Entwicklung und ihre Störungen: Klinische konzeptuelle und empirische psychoanalytische Forschung; Kontroversen zu Frühprävention Resilienz und ADHS. Frankfurt a. M.: Brandes & Apsel.

Lohaus, A. (2009): Stressbewältigungskompetenz. In: Lohaus, A. & Domsch, H. (Hrsg.): Psychologische Förder- und Interventionsprogramme für das Kindes- und Jugendalter. S. 131–140. Berlin, Heidelberg: Springer Medizin Verl.

Lösel, F. (2008): Prävention von Aggression und Delinquent in der Entwicklung junger Menschen. In: Kerner, H. J., & Marks, E. (Hrsg.): Interntdokumentation des Deutschen Präventionstag. Hannover. URL: www.praeventionstag.de/html/Get Dokumentation.cms?XID=308 [Stand 2010-07-24].

Lösel, F., Beelmann, A., Stemmler, M., & Jaursch, S. (2006): Prävention von Problemen des Sozialverhaltens im Vorschulalter: Evaluation des Eltern- und Kindertrainings EFFEKT. Zeitschrift für Klinische Psychologie und Psychotherapie, (35), S. 117–139. Göttingen: Hogrefe.

Lösel, F., Beelmann, A., Jaursch, S. & Stemmler, M. (2004): In: Bundesministerium für Familie, Senioren, Frauen und Jugend (Hrsg.): Soziale Kompetenz für Kinder und Familie: Ergebnisse der Erlangen-Nürnberger Entwicklungs- und Präventionsstudie. URL: www.bmfsfj.de/.../soziale-kompetenz-f_C3_BCr-kinder-und-familien,property=pdf.pdf [Stand 2010-07-24].

Lösel, F. & Bender, D. (1998): Vulnerabilität und protektive Faktoren: Schutz- und Risikofaktoren der gesunden Entwicklung von Kindern und Jugendlichen in der Familie und deren Umfeld. ÖIF- Materialiensammlung, (5), S.53–64. URL: 131.130.67.132/ftp/events/strobl96/mat5r2.pdf [Stand 2010-07-24].

Lösel, F. & Bender, D. (2008): Von generellen Schutzfaktoren zu spezifischen protektiven Prozessen: Grundlagen und Ergebnisse der Resilienzforschung: In Opp, G., Fingerle, M. M. & Bender, D. (Hrsg.): Was Kinder stärkt: Erziehung zwischen Risiko und Resilienz. S. 57–78. München, Basel: Reinhardt.

Lösel, F., Runkel, D., Beelmann, A., Jaursch, S. & Stemmler, M. (2010a): Das Präventionsprogramm EFFEKT (1. Teil): Entwicklungsförderung in Familien: Eltern und Kinder- Training (EFFEKT). Forum Kriminalprävention. Zeitschrift der Stiftung Deutsches Forum für Kriminalprävention, (1), S. 39–48. Hilden: Verl. Dt. Polizeiliteratur.

Lösel, F., Runkel, D., Beelmann, A., Jaursch, S. & Stemmler, M. (2010b): Das Präventionsprogramm EFFEKT (2. Teil): Entwicklungsförderung in Familien: Eltern- und Kinder-Training (EFFEKT) - Ausblick und Weiterentwicklung. Forum Kriminalprävention. Zeitschrift der Stiftung Deutsches Forum für Kriminalprävention, 10 (2), S. 28–30. Hilden: Verl. Dt. Polizeiliteratur.

Malti, T. & Perren, S. (2008): Soziale Kompetenz bei Kindern und Jugendlichen: Entwicklungsprozesse und Förderungsmöglichkeiten. Stuttgart: Kohlhammer.

Masten, A. S. (2001): Resilienz in der Entwicklung: Wunder des Alltags. In: Röper, G. & Hagen, C. N. von (Hrsg.): Entwicklung und Risiko, Perspektiven einer klinischen Entwicklungspsychologie. S. 192–219. Stuttgart: Kohlhammer.

Mayer, H., Heim, P. & Scheithauer, H. (2007): Papilio: Ein Programm für Kindergärten zur Primärprävention von Verhaltensproblemen und zur Förderung sozial-emotionaler Kompetenz. Ein Beitrag zur Sucht- und Gewaltprävention. Praxis und Methodenhandbuch für ErzieherInnen. Augsburg: Beta Institusverlag.

Melzer, W. (2006): Gewalt an Schulen: Analyse und Prävention. (Orig.-Ausg.). Giessen: Psychosozial- Verl.

Noeker, M. & Petermann, F. (2008): Resilienz: Funktionale Adaption an widrige Umgebungsbedingungen. Zeitschrift für Psychiatrie, Psychologie und Psychotherapie, 56 (4), S. 255–263.

Opp, G. & Fingerle, M. (2008): Erziehung zwischen Risiko und Protektion. In: Opp, G., Fingerle, M. M. & Bender, D. (Hrsg.): Was Kinder stärkt: Erziehung zwischen Risiko und Resilienz. S. 7–18. München, Basel: Reinhardt.

Ostendorf, H. (2002): Aggression und Gewalt. Frankfurt a. M.: Lang.

Petermann, F. (2006): Verhaltenstraining für Schulanfänger: Ein Programm zur Förderung sozialer und emotionaler Kompetenzen. (2., veränd. u. erw. Aufl.). Göttingen, Niedersachs: Hogrefe.

Petermann, F. (2007): Verhaltenstraining in der Grundschule: Ein Präventionsprogramm zur Förderung emotionaler und sozialer Kompetenzen. Göttingen, Bern, Wien: Hogrefe.

Petermann, F. (2008a): Lehrbuch der klinischen Kinderpsychologie. (6., vollst. überarb. Aufl.). Göttingen: Hogrefe.

Petermann, F. (2008b): Training mit aggressiven Kindern. (12., vollst. überarb. Aufl.). Weinheim, Basel: Beltz PVU.

Petermann, F., Jugert, G., Tänzer, U., Rehder, A. & Verbeek, D. (2008): Sozialtraining in der Schule. (2., überarb. Aufl.). [Nachdr.]. Weinheim: Beltz PVU.

Petermann, F., Kusch, M. & Niebank, K. (1998): Entwicklungspsychopathologie: Ein Lehrbuch. Weinheim: Beltz PVU.

Petermann, F., Scheithauer, H. & Niebank, K. (2004): Entwicklungswissenschaft: Entwicklungspsychologie - Genetik - Neuropsychologie. Berlin: Springer.

Petermann, F. & Petermann, U. (2007): Training mit Jugendlichen: Aufbau von Arbeits- und Sozialverhalten. (8., überarb. Aufl.). Göttingen, Bern, Wien: Hogrefe.

Petermann, F. & Schmidt, M. H. (2006): Ressourcen - ein Grundbegriff der Entwicklungspsychologie und Entwicklungspathologie? Kindheit und Entwicklung, 15 (2), S. 118–127. Göttingen: Hogrefe.

Pfingsten, U. (2009): Soziale Kompetenz. In: Lohaus, A. & Domsch, H. (Hrsg.): Psychologische Förder- und Interventionsprogramme für das Kindes- und Jugendalter. S. 158–174. Berlin, Heidelberg: Springer Medizin Verl.

Revens-Sieberer, U., Wille N. Bettge, S. & Erhart, M. (2007): RKI, Berlin BRD. (Hrsg.). Psychische Gesundheit von Kindern und Jugendlichen in Deutschland: Ergebnisse aus der BELLA- Studie im Kinder- und Jugendgesundheitssurvey (KiGGS). Bundesgesundheitsblatt – Gesundheitsforschung – Gesundheitsschutz. Heidelberg: Springer Medizin Verl.

Röhrle, B. & Christiansen, H. (2009): Psychische Erkrankungen eines Elternteils. In: Lohaus, A. & Domsch, H. (Hrsg.): Psychologische Förder- und Interventionsprogramme für das Kindes- und Jugendalter. S. 259–268. Berlin, Heidelberg: Springer Medizin Verl.

Rönnau-Böse, M. & Fröhlich-Gildhoff, K. (2009): Kinder stärken!: Resilienzförderung in Kindertageseinrichtungen. Sozial Extra, (11/12), S. 14-16.

Rönnau-Böse, M. & Fröhlich-Gildhoff, K. (2010): Resilienzförderung im Kita-Alltag: Was Kinder stark und widerstandsfähig macht. Freiburg i. Brsg.: Herder.

Saß, H. (2003): Diagnostische Kriterien des Diagnostischen und Statistischen Manuals psychischer Störungen DSM-IV-TR. Göttingen: Hogrefe.

Scheithauer, H. & Mayer, H. (2010): Primärpräventive Förderung der sozialen, sozio-emotionalen und kognitiven Kompetenzen im Kindergraten: Das Papilio- Programm. In: Kißgen, R. & Heinen, N. (Hrsg.): Frühe Risiken und frühe Hilfe: Grundlagen, Diagnostik, Prävention. S. 232–245. Stuttgart: Klett-Cotta.

Scheithauer, H. & Petermann, F. (1999): Zur Wirkungsweise von Risiko- und Schutzfaktoren in der Entwicklung von Kindern und Jugendlichen. Kindheit und Entwicklung, 8 (1), S. 3–14.

Scheithauer, H., Petermann, F. & Niebank, K. (2000): frühkindliche Entwicklung und Entwicklungsrisiken. In: Scheithauer, H., Petermann, F. & Niebank, K. (Hrsg.): Risiken in der Frühkindlichen Entwicklung. S. 15–38. Göttingen: Hogrefe.

**Schick, A. (2004): **FAUSTLOS: Inhalte, Implementation und Effektivität eines Gewaltpräventions-Curriculum. SchulVerwaltung spezial, (3), S. 22–24.

**Schick, A. & Cierpka, M. (2008): **Prävention gegen Gewaltbereitschaft an Schulen: Das FAUSTLOS- Curriculum. In: Cierpka, M. (Hrsg.): Möglichkeiten der Gewaltprävention. S. 230–247. Göttingen: Vandenhoeck & Ruprecht.

**Schmidt, M. H. (1999): **Kinder- und Jugendpsychiatrie: Kompendium für Ärzte, Psychologen, Sozial- und Sonderpädagogen. (2., überarb. u. erw. Aufl.). Köln: Dt. Ärzte-Verl.

**Schmidt, M. H. (2004): **Störung der Sozialisation bei Kindern im Längsschnittverlauf. In: Nissen, G. & Csef, H. (Hrsg.): Psychische Störungen im Kindesalter und ihre Prognose. S. 67–76. Stuttgart: Schattauer.

**Steinhausen, H. C. (2000): **Seelische Störungen im Kindes- und Jugendalter: Erkennen und verstehen. Stuttgart: Klett-Cotta.

**Steinhausen, H. C. (2002): **Psychische Störungen bei Kindern und Jugendlichen: Lehrbuch der Kinder- und Jugendpsychiatrie. (5., neu bearb. Aufl.). München: Urban & Fischer.

**Stemmler, M. & Hacker, S. (2009): **Aggression. In: Lohaus, A. & Domsch, H. (Hrsg.): Psychologische Förder- und Interventionsprogramme für das Kindes- und Jugendalter. S. 3–16. Berlin, Heidelberg: Springer Medizin Verl.

**Walden, K. (1998): **Allgemeine Lebenskompetenzen und Fertigkeiten: ALF; Programm für Schüler und Schülerinnen der 5. Klasse mit Informationen zu Nikotin und Alkohol; Lehrermanual mit Kopiervorlagen zur Unterrichtsgestaltung. Baltmannsweiler: Schneider-Verl. Hohengehren.

**Weichold, K. & Silbereisen, R. K. (2009): **Suchtprävention in der Schule: IPSY - ein Lebenskompetenzprogramm für die Klassenstufen 5-7. Göttingen: Hogrefe.

**Werner, E. E. (2006): **What can we learn about resilience from large-scale longitudinal studies? In: Goldstein, S. & Brooks, R. B. (Hrsg.): Handbook of resilience in children. S. 91–105. New York: Springer.

Werner, E. E. (2008): Entwicklung zwischen Risiko und Resilienz. In: Opp, G., Fingerle, M. M. & Bender, D. (Hrsg.): Was Kinder stärkt: Erziehung zwischen Risiko und Resilienz. S. 25–36. München, Basel: Reinhardt.

Werner, E. E. & Smith, R. S. (2001): Journeys from childhood to midlife: Risk resilience and recovery. Ithaca, New York., London: Cornell University Press.

Wustmann, C. (2009): Resilienz: Widerstandsfähigkeit von Kindern in Tageseinrichtungen fördern. (2. Aufl.). Berlin: Cornelsen Verl. Scriptor.

Zander, M. (2009a): Armes Kind - starkes Kind? Die Chance der Resilienz. (2. Aufl.). Wiesbaden: VS Verl. für Sozialwissenschaften.

Zander, M. (2009b): Resilienz: Seelische Widerstandskraft: Resilienzförderung. Sozial Extra, (11/12), S. 12-13.

Christopher Hahn (2012): Die Bedeutung einer feinfühligen Bezugsperson für die Resilienz eines Kindes bei Trennung und Scheidung

Einleitung

Laut Erhebungen des Statistischen Bundesamtes wurden im Jahr 2010 in Deutschland 187.027 Ehen geschieden. Ungefähr die Hälfte der geschiedenen Eheleute hatten minderjährige Kinder. Insgesamt waren im Jahr 2010 145.146 Kinder unter vierzehn Jahren von Ehescheidungen betroffen.[38] Es gibt wahrscheinlich kaum eine Person, die nicht im engen oder entfernteren Familienkreis mit Scheidungen konfrontiert wurde oder ist. Welche Auswirkungen aber haben Trennungen und Scheidungen auf die sozialisatorische Entwicklung von Kindern? Welche langfristigen Folgen tragen diese Kinder davon, wenn sie beispielsweise mit nur einem Elternteil aufwachsen? Welche Maßnahmen können ergriffen werden, damit Kinder vor negativen Einflüssen bestmöglich bewahrt werden? Diesen Fragen und der Frage nach der Bedeutung einer feinfühligen Bezugsperson für die Resilienz von Scheidungskindern soll im Rahmen dieser Hausarbeit nachgegangen werden.

---

[38] Statistisches Bundesamt 2012, S. 8ff

Das Bindungsverhalten von Kindern

Kommt ein Kind zur Welt ist es existentiell von anderen Menschen abhängig. Wäre niemand für das Kind da, würde niemand es mit Nahrung versorgen, beschützen oder lieben, so würde es sterben. Allein ist ein Säugling nicht überlebensfähig. Die Bindung zu mindestens einer Bezugsperson ist ein angeborenes, biologisches Grundbedürfnis und ist lebensnotwendig für seine psychische und physische Entwicklung. Wird ein Säugling mit Angst, Stress, Verunsicherung oder emotionaler Überforderung konfrontiert, so werden Bindungssysteme aktiviert. Es schreit, weint und sucht vehement den Blickkontakt und die Nähe zur Bezugsperson. Diese emotionale Kommunikation zwischen dem Kind und beispielsweise seiner Mutter dient dem Schutz und der Regulation der Bindungsbeziehung.[39] Werden diese Bedürfnisse und Signale des Kindes von einer feinfühligen Bindungsperson wahrgenommen und befriedigt, so bildet sich eine sichere Bindung und ein Vertrauen in die Welt als verlässlich und vertrauenswürdig.[40] Werden die Bedürfnisse in der Interaktion unzureichend bzw. inkonsistent befriedigt oder ist das Kind über einen längeren Zeitraum von der primären Bezugsperson getrennt, entsteht eine unsichere Bindung, die zu emotionalen Narben, tiefgreifenden Beunruhigungen und Rückzug auf Seiten des Kindes führen können.[41] In den ersten sechs Monaten nach der Geburt ist ein Neugeborenes zunächst bindungsoffen. Erst langsam verfestigt sich die Bindung zu einer primären und exklusiven Bezugsperson. Diese Entwicklung hat ihren Höhepunkt, wenn das Kind circa zwölf Monate alt ist. In dieser Zeit fremdelt es, hat kaum Bindungstoleranz und die primäre Bindungsperson ist nicht mehr einfach austauschbar. Die Furcht, von den Eltern getrennt zu werden, ist in dieser Lebensphase am größten[42]. Erst danach beginnt das Kind sich von seiner primären Bezugsperson zu lösen und geht sekundäre Bindungsbeziehungen als zusätzliche Versicherung ein. Während dieser sensiblen Phase in den ersten zwei Jahren, ist es notwendig, dass sich Bindungen entwickeln. Trennung oder Frustration in dieser Zeit können gravierende Auswirkungen auf die Entwicklung und spätere

---

[39] vgl. Brisch 2001, S. 36; Myers 2004, S. 168
[40] vgl. Myers 2004, S. 170
[41] vgl. Brisch 2001, S. 36; Myers 2004, S. 172
[42] vgl. Myers 2004, S. 170

Lebensabschnitte haben. Die Bindungsmuster, die in diesen ersten zwei Jahren entwickelt werden, sind relativ stabil und doch bis ins Erwachsenenalter veränderbar. Ob diese Beziehungsmuster positiv oder negativ sind resultiert aus dem Verhalten der Bezugspersonen und den Erfahrungen, die ein Kind mit ihnen macht. Neben der Bindung gewinnt die Exploration in diesen ersten Lebensjahren zunehmend an Bedeutung. Das Kind will sich selbst erproben, die Welt erkunden und sein Umfeld erforschen. Um dies zu können braucht es einen sicheren Hafen, eine emotionale Basis als Rückzugsort. Exploration und Bindung hängen demnach unmittelbar zusammen und die Aufgabe in der Interaktion zwischen Kind und Bezugsperson liegt darin, einen Ausgleich zwischen diesen Extremen zu schaffen.[43]

---

[43] vgl. Brisch 2001, S. 38

Die Resilienz eines Kindes

Resilienz im Allgemeinen bezeichnet die psychische Widerstandsfähigkeit von Menschen. Wenn beispielsweise zwanzig Soldaten in den Krieg ziehen und den gleichen Einsatz haben, warum leiden danach zehn von ihnen an traumatischen Belastungen und die anderen zehn nicht? Die Resilienzforschung befasst sich in diesem Zusammenhang mit Risikofaktoren, die das seelische Gleichgewicht durcheinanderbringen und Schutzfaktoren, die das selbiges schützen. Sowohl Risiko- als auch Schutzfaktoren haben immer eine biologische und eine psychosoziale Komponente und üben großen Einfluss auf die psychische Gesundheit bzw. Erkrankung im Erwachsenenalter aus.[44]

Risikofaktoren

Schwere bzw. traumatische Belastungen in der kindlichen Entwicklung gelten in der Resilienzforschung als Indikatoren für ein erhöhtes Risiko, sofort oder in späteren Lebensabschnitten psychisch oder psychosomatisch zu erkranken. In diesen Fällen ist von Risikofaktoren die Rede.[45] Risikofaktoren haben immer eine endogene und eine exogene Komponente. Zum einen das Kind mit spezifischem Temperament, Geschlecht und seiner Intelligenz und zum anderen die Umwelt in Form von Familie und globalen Einflussfaktoren wie das Leben in Kriegsgebieten. Als gesicherte Risikofaktoren für die Entstehung psychischer Erkrankungen gelten beispielsweise die chronische Disharmonie oder schwere Erkrankungen in der Familie, unsicheres Bindungsverhalten in den ersten zwei Lebensjahren, Abwesenheit des Vaters, eine alleinerziehende Mutter, schlechte schulische Bildung der Eltern oder wenig Wohnraum.[46] Einer dieser Faktoren allein hat nicht zwingend Auswirkungen auf die psychische Gesundheit. Kumulieren diese jedoch und ist ein Kind von mehreren Risikofaktoren betroffen, so erhöht sich auch die Wahrscheinlichkeit späterer Erkrankungen um ein Vielfaches.[47] Emmy E. Werner und Ruth S. Smith haben in einer Langzeitstudie 698

---

[44] vgl. Egle/Hofmann/Steffens 1997, S. 685
[45] vgl. Egle/Hofmann/Steffens 1997, S. 683
[46] vgl. Egle/Hofmann/Steffens 1997, S. 693
[47] vgl. Ulrich in Egle/Hofmann/Steffens 1997, S. 691

Kinder von den Kauai-Inseln über 30 Jahre hinsichtlich entwicklungsrelevanter Risiko- und Schutzfaktoren untersucht. Dabei stellten sie fest, dass zwei Drittel der Kinder mit vier oder mehr Risikofaktoren in der mittleren Kindheit ernste Lern- und Verhaltensstörungen entwickelten und anfälliger für Kriminalität und psychische Erkrankungen waren. Aufgetretene Risikofaktoren bei dieser Gruppe waren beispielsweise die Trennung von der primären Bezugsperson im ersten Lebensjahr, die väterliche Abwesenheit oder psychische Erkrankungen in der Familie. Eine Kontrollgruppe, bestehend aus widerstandsfähigen Kindern ohne familiäre Schwierigkeiten, wies hingegen keine dieser Probleme in den folgenden Jahren auf.[48] Diese Studie zeigt deutlich, wie viele psychosoziale Kindheitsbelastungsfaktoren ausgerechnet in der Familie liegen können, wo diese dem Kind doch eigentlich den größten Schutz bieten sollte.

Schutzfaktoren

Protektive Faktoren oder Schutzfaktoren können die Auswirkungen von Risikofaktoren verändern und die psychische Widerstandskraft (Resilienz) stärken. Sie ermöglichen es einem Kind, sich trotz schwieriger Lebensumstände gesund zu entwickeln. Je mehr Risikofaktoren aber im Umfeld eines Kindes vorkommen und auf dieses einwirken, desto mehr protektive Faktoren werden für eine positive Entwicklung benötigt.[49] Gesicherte Schutzfaktoren hinsichtlich der Entstehung psychischer Erkrankungen sind beispielsweise eine dauerhafte, vertrauensvolle Beziehung zu mindestens einer primären Bezugsperson, sicheres Bindungsverhalten, ein positives Selbstkonzept als Kind und endogene Faktoren wie Intelligenz oder ein robustes Temperament.[50] Als zentraler Schutzfaktor ist hierbei die Familie mit sicheren Bezugspersonen und vertrauensvollen Verhältnissen zu sehen, denn es ist „bestätigt, dass eine positive Eltern-Kind-Beziehung einen wichtigen Schutzfaktor für risikobelastete Kinder darstellt."[51]

---

[48] vgl. Werner/Smith 1982
[49] vgl. Egle/Hofmann/Steffens 1997, S. 684f
[50] vgl. Egle/Hofmann/Steffens 1997, S. 687, 693
[51] Egle/Hofmann/Steffens 1997, S. 690

Scheidung und Trennung

In Anbetracht dieser Erkenntnisse über Bindungstheorien, Risiko- und Schutzfaktoren bekommt das Thema Trennung und Scheidung eine neue Brisanz. Dass es immer ein tiefer Einschnitt in die Familie ist, unter der alle Beteiligten leiden, ist eine unumstößliche Wahrheit. Viel zu oft werden jedoch die Perspektiven der Kinder neben den Streitigkeiten und Interessenskonflikten der sich scheidenden Eltern übersehen. Dabei sind diese häufig am meisten betroffen von den Entscheidungen der Eltern, bei denen sie nicht mitreden können, die aber große Auswirkungen auf sie haben.[52] Ein Kind im jungen Alter kann die äußeren Konflikte der Eltern nicht verstehen oder internalisieren und kann nicht identifizieren, zu wem es gehört oder zu wem es halten soll. Diese Stresssituationen auf Seiten der Kinder treten oftmals in den Hintergrund.

Folgen für die Kinder

Besonders junge Kinder sind in Trennungs- oder Scheidungssituationen der Eltern enormen Belastungen ausgesetzt. Sie stecken mitten in einer Phase, in der sie sich selbst erforschen und entdecken wollen. Diese Bedürfnisse werden verdrängt von familiären Problemen, wenn Kinder genötigt sind, Partei für ein Elternteil zu ergreifen oder wenn sie das Gefühl entwickeln, beispielsweise die Mutter beschützen zu müssen, weil diese sonst niemanden hat. Kinder in solchen oder ähnlichen Situationen leiden unter Loyalitätskonflikten und dem Koalitionsdruck zwischen den Eltern, den sie ertragen müssen. Trennungen oder Scheidungen sind kritische Lebensereignisse, die zur Verschlechterung der Eltern-Kind-Beziehung führen, den Kontakt zu einer Elternperson beenden oder im schlimmsten Fall sogar den Verlust der Hauptpflegeperson bedeuten können.[53] Anders als Kinder im jüngeren Alter können ältere Kinder oder Jugendliche die Konflikte besser verstehen und in ihnen Anteile beider Eltern identifizieren. Sie sind nicht so leicht zu verunsichern oder beeinflussen. Trotzdem bleiben auch sie von Langzeitfolgen und Verletzungen nicht verschont. Judy S. Wallerstein und Julia Lewis haben in den USA die Langzeitwirkungen von elterlichen

---

[52] vgl. Wallerstein/Lewis 2001, S. 65
[53] vgl. Köckeritz 2004, S. 327f; Wallerstein/Lewis 2001, S. 66

Ehescheidungen auf Kinder untersucht. Hierzu haben sie geschiedene Eltern und ihre Kinder über 25 Jahre begleitet und dabei alarmierende Erkenntnisse gewonnen. Sie berichten, dass die Kinder zum Zeitpunkt des Zusammenbruchs der Familie von massiven Ängsten gequält wurden, wie beispielsweise von den Eltern verlassen zu werden oder in einem leeren Haus aufzuwachsen. Rückblickend berichteten die meisten der Probanden, dass sich diese Ängste in den Folgemonaten bestätigt hätten, indem der Vater auszog, die Mutter wieder ganztags arbeiten musste oder sie allein bei fremden Menschen gelassen wurden. 25 Jahre nach der Scheidung waren die Erinnerungen der Kinder an die Scheidung an sich größtenteils vergessen, jedoch das Gefühl, plötzlich allein gelassen worden zu sein, war vielen Befragten noch präsent.[54] In der Adoleszenz spitzten sich die Probleme zu. Ungefähr die Hälfte der untersuchten Jugendlichen hatte ernsthafte Alkohol- oder Drogenprobleme und verfrühte sexuelle Aktivitäten.[55] Am stärksten jedoch waren die Folgen bei Eintritt in das Erwachsenenalter. Die psychologischen Aufgaben dieser Phase sind die Herstellung von Intimität, die Auswahl eines Lebenspartners, das berufliche Etablieren und schließlich die Frage nach Heirat und Fortpflanzung. Viele der mittlerweile erwachsenen Kinder aus der Studie fühlten sich auf diese Aufgaben schlecht vorbereitet und das Gründen einer eigenen Familie war für sie undenkbar, da sie Angst hatten, von ihrem Partner verlassen zu werden.[56] Insgesamt ist bei dieser Studie, welche bezüglich ihrer Erkenntnisse über Langzeitfolgen von Ehescheidungen einzigartig ist, zu beobachten, dass sich die Auswirkungen auf Scheidungskinder in den Jahrzehnten nach der eigentlichen Scheidung nicht verbessern, sondern verschlechtern. Anders als bei ihren Eltern ist die Scheidung kein einmaliger, zeitlich limitierter Einschnitt, sondern die Erfahrungen der frühen Kindheit werden in den folgenden drei Jahrzehnten immer wieder aufgerollt und thematisiert.[57] Natürlich ist nicht pauschal auszuschließen, dass auch andere Risikofaktoren eine Rolle gespielt und so ihren Anteil an den Entwicklungen dieser Kinder haben. Die Studie von Judy S. Wallerstein und Julia Lewis zeigt jedoch deutlich, dass in Bezug auf die Verletzungen und traumatischen Erlebnisse von Scheidungs- und Trennungskindern die Zeit nicht alle Wunden heilt.

---

[54] vgl. Wallerstein/Lewis 2001, S. 66f
[55] vgl. Wallerstein/Lewis 2001, S. 67
[56] vgl. Wallerstein/Lewis 2001, S. 67, 70
[57] vgl. Wallerstein/Lewis 2001, S. 71

Bezugspersonen als Schutzfaktoren

Bezug nehmend auf die zuvor behandelte Relevanz von sicheren Bindungen in der frühen Kindheit, kann festgehalten werden, dass die Auswirkungen der elterlichen Trennung oder Scheidung besonders bei Kindern in den ersten zwei Lebensjahren gravierend sind. In diesem Zeitraum entstehen die Bindungen zu primären und sekundären Bezugspersonen und bei Gelingen dieses Prozesses das Erringen von Vertrauen in die Mitmenschen und die Welt als zuverlässigen und geschützten Lebensraum. Damit das Kind seine Bezugspersonen nicht verliert, müssen scheidungswillige Eltern Unterstützung bei der Ausgestaltung der Umgangsrechte bekommen. Auch wenn der Vater vielleicht „nur" die sekundäre Bindungsperson seines Kindes ist, so bleibt er doch ein wichtiger Bezug. Bindungen beider Eltern zum Kind sollten nicht nur erhalten, sondern lebensnah weiterentwickelt werden können.[58] Trotzdem ist es gerade bei jungen Kindern wichtig, dass die Bindungen zur primären Bezugsperson nicht instabil werden und sie demnach nicht ständig von einem zum anderen Elternteil geschickt werden sollten. Wie bei allen anderen Risikofaktoren ist auch eine Scheidung allein nicht zwingend der Grund für spätere Erkrankungen oder frühkindliche Traumata. Befindet sich ein Kind jedoch in einer Lebenssituation, in der mehrere Risikofaktoren auf es einwirken, so gewinnt die feste Bindung zu mindestens einer Bezugsperson an Relevanz. Eine sichere Bindung kann als Schutzfaktor dienen und somit die Resilienz eines betroffenen Kindes stärken. Es ist nicht gesagt, dass alle Scheidungskinder in ihrem späteren Leben einmal psychische oder psychosomatische Probleme haben werden. Eine positive Beziehung zu den primären Bezugspersonen, eine familiäre Umwelt, die nicht von Streitigkeiten durchzogen ist und die Teilnahme beider Eltern an wichtigen Lebensabschnitten des Kindes sind Schutzfaktoren, welche Kinder auffangen und Erkrankungen in späteren Lebensphasen abwenden können.[59]

---

[58] vgl. Köckeritz 2004, S. 332
[59] vgl. Egle/Hofmann/Steffens 1997, S. 687

Fazit

Zusammenfassend kann festgehalten werden, dass sichere Bindungen und einfühlige Bezugspersonen für die psychische Widerstandsfähigkeit von Trennungs- und Scheidungskindern von großer Bedeutung sind. Eine Trennung oder Scheidung ist immer ein tiefer Einschnitt in die Familie, ihre Mitglieder und die Biographie eines Kindes. Wie die bereits angesprochenen Studien zeigen, haben frühkindliche Erlebnisse große Auswirkungen auf den weiteren Lebenslauf von Menschen. Traumatische Erfahrungen von Kindern, die durch Scheidungen der Eltern hervorgerufen wurden, hinterlassen ihre Spuren bis weit in das Erwachsenenalter hinein. Diesen Risikofaktoren kann entgegengewirkt werden, indem sichere Bindungen zu den primären Bezugspersonen als Schutzfaktoren aufgebaut werden. In den Ausführungen zum Bindungsverhalten von Kindern und der Resilienzforschung ist deutlich geworden, wie wichtig primäre und sekundäre Bezugspersonen für die Resilienz eines Kindes sind. Besonders in den ersten zwei Lebensjahren, in denen ein Kind Bindungen braucht, um sich auf das Leben vorzubereiten und Vertrauen aufzubauen. In Scheidungsfällen bedeutet das, dass die Eltern gemeinsam und unter Berücksichtigung der kindlichen Perspektive Entscheidungen fällen und ihre Kämpfe nicht auf dem Rücken der Kinder austragen müssen. Sicherlich kann nicht pauschal behauptet werden, dass eine feinfühlige Bezugsperson als Garantie für die gesunde Entwicklung eines Kindes anzusehen ist. Sie leistet aber einen wichtigen Beitrag zum Aufbau von protektiven Faktoren und nur diese können ein Kind vor Risikofaktoren und somit vor Erkrankungen in späteren Lebensabschnitten schützen.

Literaturverzeichnis

Brisch, Karl Heinz (2001): Bindungsstörungen. Von der Bindungstheorie zur Therapie, 4. Auflage, Stuttgart: Klett-Cotta

Egle, U.T./Hofmann, S.O./Steffens, M. (1997): Psychosoziale Risiko- und Schutzfaktoren in Kindheit und Jugend als Prädisposition für psychische Störungen im Erwachsenenalter. Gegenwärtiger Stand der Forschung. In: Der Nervenarzt, 9/97, S. 683 - 693

Köckeritz, Christine (2004): Entwicklungspsychologie für die Jugendhilfe. Eine Einführung in Entwicklungsprozesse, Risikofaktoren und Umsetzung in Praxisfeldern, Weinheim/München: Juventa

Myers, David G. (2004): Psychologie. Inklusive Klinische Psychologie, Arbeits- und Organisationspsychologie, Pädagogische Psychologie; Mit Lernzielen, Merksätzen, Prüfungsfragen und deutsch-englischem Glossar; Über 900 farbige Abbildungen, Heidelberg: Springer Online

im Internet: http://books.google.de/books?id=DFNaiswz3eUC&pg=PA166&lpg=PA166&dq=myers+soziale+entwicklung&source=bl&ots=A5kfy_ZPri&sig=RCKJlTGrNbFehPpA-VARZTQM2GFI&hl=de&sa=X&ei=YT8JUMuICMz5sgak5fGoCQ&ved=0CFIQ6AEwAA#v=onepage&q=myers%20soziale%20entwicklung&f=false

[Stand: 20.07.2012]

Statistisches Bundesamt (2012): Bevölkerung und Erwerbstätigkeit. Statistik der rechtskräftigen Beschlüsse in Eheauflösungssachen (Scheidungsstatistik), Fachserie 1, Reihe 1,4 - 2010, Wiesbaden: Statistisches Bundesamt

Online im Internet: https://www.destatis.de/DE/Publikationen/Thematisch/Bevoelkerung/ Bevoelkerungsbewegung/Scheidungsstatistik.html

[Stand: 21.07.2012]

Wallerstein, Judy/Lewis, Julia (2001): Langzeitwirkungen der elterlichen Ehescheidung auf Kinder. Eine Längsschnittuntersuchung über 25 Jahre. In: FamRZ. Zeitschrift für das gesamte Familienrecht, Heft 2 / 2001, 48. Jahrgang, S. 65-72

Werner, Emmy E./Smith, Ruth S. (1982): Vulnerable but invincible. A longitudinal study of resilient children and youth, New York: McGraw

Einzelpublikationen

Stefanie Petschkuhn (2007):Inwieweit kann offene Kinder- und Jugendarbeit die Resilienzförderung unterstützen?

ISBN: 978-3-640-17201-6

Britta Wehen (2007): Wie man Kinder zu Stärke und Widerstandsfähigkeit befähigen kann. Möglichkeiten des Resilienzkonzeptes und der Montessori-Pädagogik

ISBN: 978-3-640-67162-5

Angela Schickler (2010):Die Bedeutung von Resilienz für die Prävention von Störungen des Sozialverhaltens im Kindes- und Jugendalter

ISBN: 978-3-640-74659-0

Christopher Hahn (2012):Die Bedeutung einer feinfühligen Bezugsperson für die Resilienz eines Kindes bei Trennung und Scheidung

ISBN: 978-3-656-51476-3